하버드는 학생들에게

행복을 가르친다

HAPPIER: Learn the Secrets to Daily Joy and Lasting Fulfillment
by Tal Ben-Shahar
Copyright ⓒ 2007 by Tal Ben-Shahar. All rights reserved.
This Korean edition was published by Wisdom House, Inc. in 2007
by arrangement with Tal Ben-Shahar c/o ICM/Sagalyn
through KCC(Korea Copyright Center Inc.), Seoul.

이 책의 한국어판 저작권은 (주)한국저작권센터(KCC)를 통한
저작권자와의 독점계약으로 (주)위즈덤하우스에 있습니다. 신저작권법에 의하여
한국 내에서 보호를 받는 저작물이므로 무단 전재와 복제를 금합니다.

HAPPIER

매일 놀라운
변화를 만드는
체계적인 행복 공식

하버드는 학생들에게 행복을 가르친다

탈 벤 샤하르 지음 | 노혜숙 옮김

위즈덤하우스

행복 공식 6가지

1. 인간적인 감정을 허락하라
두려움, 슬픔, 불안 등 우리가 느끼는 감정을 자연스럽게 받아들이면 극복하기 쉬워진다. 자신의 감정을 부정하면 좌절과 불행으로 이어진다.

2. 행복은 즐거움과 의미가 만나는 곳에 있다
직장과 가정에서 삶에 의미를 주면서 즐거움도 느낄 수 있는 활동을 하라. 그것이 여의치 않다면 '행복촉진제'를 만들어 실천에 옮겨보라.

3. 행복은 사회적 지위나 통장 잔고가 아닌 마음먹기에 달렸음을 잊지 말라
행복은 우리가 어디에 초점을 맞추고 상황을 어떻게 해석하는가에 따라 결정된다. 실패를 재앙으로 여길 수도 있지만 배움의 기회로 생각할 수도 있다.

4. 단순하게 살라
시간은 점점 줄어드는데 일은 점점 더 많이 하려고 욕심을 부리느라 눈코 뜰 새 없이 바쁘게 살고 있다. 그러나 너무 많은 일을 하다 보면 행복을 놓칠 수 있다.

5. 몸과 마음이 하나라는 것을 기억하자
우리가 몸으로 하는 것 또는 하지 않는 것은 마음에도 영향을 준다. 규칙적으로 운동하고 충분히 자고 건강한 식습관을 유지하면 몸도 마음도 건강해진다.

6. 기회가 있을 때마다 감사를 표현하라
우리는 종종 삶을 당연한 것으로 여긴다. 사람에서 음식까지, 자연에서 미소까지, 인생의 좋은 것들을 음미하고 감사하는 법을 배우자.

한국 독자들에게

나는 여러 번 아시아에서 긍정심리학을 강의하는 특전을 누려왔습니다. 한국 독자들에게 먼저 분명히 해둘 점은 내가 하는 이야기가 특별히 새로울 것이 없다는 사실입니다. 왜냐고요? 긍정심리학은 1998년 미국에서 공식 출범했지만, 그 학문의 많은 중심 사상이 고대 아시아 철학과 심리학에 뿌리를 두기 때문이죠. 그리고 대부분의 아시아인은 서구의 학자들보다 훨씬 더 오랫동안 이러한 사상들을 친숙하게 접해왔습니다.

예를 들어, '수신제가치국평천하'라는 공자의 사상은 다른 사람을 돕기 위해서는 먼저 우리 자신을 도와야 한다는 행복학의 기본 가정과 일치합니다. 서구의 심리학은 이제 겨우 마음과 몸의 연관관계를 발견하는 또는 재발견하는 과정에 있습니다. 최첨단 기계를 사용하는 과학적 연구들은 아시아의 의사들이 수천 년 동안 행한 의술을 확인하고 있습니다. 접촉을 통한 치유와 명상 수행은 서양이 동양을 따라가는 2가지 예일 뿐입니다.

그렇다면 긍정심리학의 많은 사상이 실제로 새로울 것이 없다면 이 책을 읽거나 더 나아가서 이 '새로운' 심리학 분야를 추구하는 목적은 무엇일까요? 특히 한국 독자들에게 말입니다. 그 이유는 우리가 때로 이미 아는 것 또는 알지만 잊은 것들을 상기할 필요가 있기 때문입니다.

이 책을 읽다 보면 여러분이 이미 알고 친근하게 느끼는 사상들을 만나게 될 것입니다. 그럴 때마다 '아, 이건 내가 아는 거야. 다시 일깨워주니 고맙네' 하고 생각해주기를 바랍니다. 그러한 사상과 가치들은 여러분의 문화와 개인적이고 사회적인 역사 속에 깊이 자리매김하고 있습니다. 그러므로 나의 의도는 여러분을 과거로부터 새로운 미래로 데려가는 것이 아니라, 여러분의 과거에 깊이 뿌리 박혀 있는 보다 진실한 미래를 향해 가도록 하는 것입니다.

일반적으로 서구의 학자들은 그들이 연구하는 대상을 해부하고 분리하고 확대해서 들여다봅니다. 반면 동양의 학자들은 함께 모으고 온전하게 만들고 멀리 떨어져서 보고 한 걸음 뒤로 물러납니다. 양쪽의 방법 모두 중요하며, 만일 우리가 심리학적 견해를 원한다면 어느 한쪽의 방법을 사용하기보다는 동양과 서양의 방법을 모두 수용해서 분해해보기도 하고 한데 모아보기도 해야 합니다. 다시 말해 우리가 해야 하는 일은 동양과 서양 사이에 정보가 소통하도록 다리를 놓는 것입니다.

그 다리 위에서 정보가 원활하게 오가도록 하기 위해서는 양쪽 모두 겸손해질 필요가 있습니다. 겸손하면 마음이 열리고, 오만하면 독단적으로 행동할 수 있습니다. 그리고 진실에 더 가까이 가기 위해서는 다리의 어느 한쪽을 지키고 주장하기보다 다른 한쪽에 마음을 열어야 합니다. 마음을 열고 통찰력을 발휘하면 퍼즐의 조각들을 맞춰서 행복하고 충만한 삶의 그림을 완성할 수 있을 것입니다. 더 나아가서 공자가 주장했듯이, 행복하고 조화로운 사회를 창조할 수 있습니다.

동양과 서양 사이에 다리를 놓는 것, 즉 개인과 사회에 조화를 가져오는 것은 대체로 긍정심리학이 지향하는 중요한 목적 중 하나이며, 이 책의 목적이기도 합니다. 그리고 동양에서 가르치고 배우는 일에서 제가 큰 의미를 느끼는 이유이기도 합니다.

_탈 벤 샤하르

들어가며

우리는 더
행복해질 수 있다

　　나는 2002년 하버드대에서 처음으로 긍정심리학 세미나를 시작했다. 모두 8명의 학생이 등록했는데, 그중 2명은 중도이탈했다. 우리는 매주 자신이 인생에서 가장 중요하다고 믿는 문제를 탐색했다.

　'어떻게 하면 우리 자신을 포함해서 공동체나 사회의 모든 사람이 좀 더 행복한 삶을 살 수 있을까?'

　우리는 학술지에 실린 논문을 읽고, 생각을 실험해보고, 개인의 이야기를 나누면서 기쁨과 좌절을 겪었다. 그리고 학기 말이 됐을 때는 지금보다 더 행복하고 충만한 삶에 관해 심리학이 가르쳐주는 것들을 좀 더 분명히 알게 됐다.

이듬해 그 수업은 정규 과목으로 채택됐다. 하버드대에서 긍정심리학을 처음 가르친 교수이자 내게 그 분야를 알게 해준 멘토 필립 스톤이 같은 주제로 강의를 해보라고 제안한 것이다. 380명의 학생이 등록했는데, 학년 말 평가에서 그들 중 20퍼센트 이상이 '삶의 질을 높이는 강의'라고 평가했다. 그다음 해에는 855명의 학생이 등록하면서 대학에서 수강생이 가장 많은 강의가 됐다.

나는 1세기 전에 미국 심리학을 창시한 윌리엄 제임스가 현실에 발을 딛고 실증주의 관점에서 진실의 현금 가치를 탐색하라고 했던 말을 기억하고 그 길에서 벗어나지 않으려고 노력했다. 내가 학생들과 함께 탐색하는 현금 가치는 돈이나 성공, 명성이 아니라 다른 모든 목적이 지향하는 목적인 행복에 있었다. 나는 그것을 '궁극적인 가치'라고 부른다.

나의 강의는 단지 훌륭한 삶의 이론을 가르치는 수업이 아니었다. 학생들은 논문을 읽고 현장 조사를 하면서 배우는 것 외에도 과제물을 제출해야 했다. 나는 학생들에게 두려움과 맞서 싸우고, 자신의 강점을 숙고하고, 다음 주와 앞으로 10년 뒤의 목표를 글로 쓰도록 했고, 모험을 통해 안전지대와 위험지대 사이에 있는 건강한 중간지대를 발견해보라고 독려했다.

하지만 나도 항상 건강한 중간지대에 있을 수는 없었다. 성격이 내향적이다 보니 6명의 학생과 수업을 진행할 때는 아주 편안한 기분이었다. 하지만 이듬해 400명에 가까운 학생들 앞에서 강의할 때는 바짝 긴장해야 했다. 그러다 그다음 해 학생들의 부모와 조부모, 기자들까지 수업을 들으러 강의실에 나타났을 때는 거의 공포를 느꼈다.

《하버드 크림슨》과 《보스턴 글로브》에 내 강의가 큰 인기를 끌고 있다는 기사가 실리자 수많은 질문이 쏟아졌다. 사람들은 시대의 변화를 어렴풋이 느꼈지만 그것이 무엇인지는 정확히 몰랐다. 하버드대는 물론 다른 대학 캠퍼스에서 부는 긍정심리학 수요를 어떻게 설명할 수 있는가? 성인뿐 아니라 초등학교와 중고등학교에서 행복 연구에 관심이 점점 더 커지는 이유는 무엇인가? 요즘 들어 우울감을 느끼는 사람들이 점점 많아지기 때문인가? 그렇다면 이는 21세기 교육이나 현대의 생활방식과 어떤 관계가 있는가?

사실 행복 연구는 현대에만 해당하는 것은 아니다. 동서고금을 통해 사람들은 행복의 열쇠를 찾아왔다.

플라톤은 그의 아카데미에서 훌륭한 삶의 연구를 정규 과정으로 가르쳤고, 수제자였던 아리스토텔레스는 아카데미에 필적하는 리케이온을 세워서 인간의 번창에 관한 생각을 설파했다. 그보다 1세기 먼저 또 다른 대륙에서는 공자가 마을을 찾아다니며 성취에 관한 처방을 이야기했다.

어떤 종교나 철학도 이승에서나 저승에서의 행복이라는 문제에 무관심하지 않았다. 최근에는 자기계발 구루들이 인도에서 인디애나까지, 예루살렘에서 제다까지 전 세계의 서점과 강단의 자리를 상당 부분 차지하고 있다.

하지만 조화로운 삶에 관한 관심과 연구가 시공을 초월하는 문제라 해도 우리 시대에 긍정심리학의 수요가 높아진 데는 몇 가지 특별한 측면이 있다.

2000년대 초 미국에서 우울증은 1960년대보다 10배나 증가했고, 우울증이 발병하는 평균 나이가 1960년대의 29.5세에서 14.5세로 낮아졌다. 미국의 대학생들을 조사한 결과에서도 거의 45퍼센트의 대학생이 "우울증이 심해서 능력을 발휘하지 못한다"라고 답한 것으로 나타났다.

다른 나라들 역시 미국의 뒤를 따랐다. 영국은 지난 반세기 동안 경제 성장이 3배에 달했지만 1957년에 매우 행복하다고 말한 사람은 52퍼센트, 2005년에는 36퍼센트로 수치가 줄었다. 중국에서는 급속한 경제 성장과 함께 불안과 좌절을 겪는 사람들 수 또한 급속히 증가했다. 중국 보건복지부는 "특히, 아이들과 청소년들의 정신 건강 상태가 심히 우려된다"라고 발표했다.

물질적으로 풍요로워지는 동안 우울증의 정도는 심각해졌다. 많은 국가의 국민이 이전 세대보다 풍족해졌지만 행복해지지는 않았다. 긍정심리학의 선구자인 미하이 칙센트미하이는 단순하지만 답하기 어려운 질문을 했다.

"왜 우리는 물질적으로 풍족해졌지만 행복하지 못한가?"

사람들이 행복한 삶을 위해 기본적인 의식주가 해결돼야 한다고 믿었을 때는 불행의 원인을 설명하기가 쉬웠다. 하지만 많은 사람의 기본적인 욕구가 충족된 지금은 불행을 설명할 수 없다. 풍요가 오히려 불행을 가져다주는 것처럼 보이는 모순을 해명하기 위해 점점 더 많은 사람이 긍정심리학에서 그 답을 찾고 있다.

◆ 더 행복하고 충만한 삶을 사는 데 도움을 주는 학문

흔히 '최적의 인간 기능에 관한 학문적 연구'[1]라고 일컫는 긍정심리학은 1998년 미국 심리학회 회장인 마틴 셀리그먼이 공식적인 학문 분야로 출범했다.

그 이전까지 우리 삶의 질을 높여주는 행복 연구는 대체로 대중심리학이 주도했다. 하지만 자기계발 세미나와 책은 재미도 있고 카리스마도 있지만 내용은 별로 없다. 그들은 행복으로 가는 5단계나 성공의 3가지 비결, 완벽한 사랑을 찾는 4가지 방법 따위를 제시한다. 그러나 시간이 지나면서 공허한 약속이었다는 사실이 드러나고, 사람들은 자기계발에 냉소를 짓는다. 다른 한편에는 내용이 알찬 저술과 연구 조사들이 있지만 많은 사람에게 다가가는 길을 찾지 못하고 있다.

내가 생각하는 긍정심리학의 역할은 상아탑과 길거리, 학문의 엄밀함과 자기계발서의 재미를 연결하는 것이다. 그것이 이 책의 목적이기도 하다.

대부분 자기계발서가 구호만 거창하고 실효가 없는 이유는 검증을 거치지 않아서다. 반면 학회지에 실리는 이론은 착상에서 발표까지 학계의 절차를 통과하며 보통 훨씬 더 알찬 내용을 담는다. 대체로 과장이 덜하고 더 적은 독자에게 더 적은 약속을 하는 반면 그 효과는 더 확실하다.

긍정심리학은 상아탑과 대중의 교량 역할을 하므로 긍정심리학자들이 책이나 강의, 웹사이트에서 주는 조언은 때로 자기계발 구루들이 제시하는 조언과 여러모로 비슷하게 들릴 수도 있다. 대부분의 대중심리학이 그렇듯이 간단하고 이해하기 쉬울지 모르지만 그 방법은 근본적으로 다르다.

대법관이었던 올리버 웬들 홈스는 이렇게 말했다.

"나는 복잡성 이전의 단순성에 조금도 관심이 없지만 복잡성을 넘어선 단순성을 위해서는 목숨이라도 내놓겠다."

홈스는 상투적이고 즉흥적인 주장이 아니라 끊임없는 탐색과 깊은 반성, 힘든 실험을 거쳐 드러나는 단순한 진리에 관심을 뒀다.

긍정심리학은 어떤 현상을 깊이 파고듦으로써 복합성을 넘어 이해하기 쉬운 이념과 실용적인 이론뿐 아니라 단순하지만 효과적인 기법과 조언을 우리에게 제공한다. 이것은 쉬운 업적이 아니다. 홈스보다 먼저 레오나르도 다 빈치도 "단순함은 고도의 정교함이다"라고 갈했다.

조화로운 삶의 정수를 찾으려는 긍정심리학자들은 다른 사회학자와 철학자들과 함께 복잡성을 넘어선 단순성에 도달하기 위해 많은 시간과 수고를 투자했다. 그들의 이론은 이 책에서도 일부 살펴보겠지만, 우리가 더 행복하고 충만한 삶을 사는 데 도움을 준다. 실제로 내게도 도움이 됐다.

◆ **행복한 삶을 위한 책**

이 책의 목적은 행복의 본질을 이해하는 데 있다. 더 중요한 목적은 사람들이 더 행복해질 수 있도록 도움을 주는 것이다. 하지만 다른 책들과 마찬가지로 단지 이 책을 읽는다고 해서 행복해질 수는 없다. 나는 의미 있는 변화로 가는 지름길이 있다고 생각하지 않는다. 만약 도움을 받고 싶다면 이 책을 훈련 교본으로 사용해야 한다. 그리고 훈련에는 반성과 행동이 뒤따라야 한다.

본문을 대충 훑어보는 것으로는 충분하지 않다. 깊은 반성이 필요하다. 그래서 이 책 곳곳에 '생각해보기'라는 제목으로 질문에 답하는 난을 뒀다. 잠시 쉬면서 방금 읽은 내용을 반추하고 우리 자신을 들여다보는 시간을 갖기 위해서다. 이렇게 쉬어가는 시간을 갖지 않으면 얼마 안 가 내용을 잊어버리기 쉽다.

'생각해보기'에 덧붙여 각 장의 끝에는 '행복 공식'이라고 해 반성과 행동을 이끄는 내용이 준비돼 있다. 아마 어떤 방법은 쉽게 공감되고 어떤 방법은 그렇지 못할 것이다. 예를 들어 글로 쓰는 것이 생각하는 것보다 더 쉬울 수도 있다. 각자 자신에게 가장 자연스러운 방법을 먼저 해보고, 거기서 도움을 받아서 다른 것에도 도전해보자. 만약 어떤 연습을 하다가 기분이 나빠지면 그것을 그만두고 다음으로 넘어가도 좋다.

여기서 소개하는 공식은 내가 아는 범위에서 심리학자들이 제공할 수 있는 최선의 개입에 바탕을 두고 만든 것으로, 시간을 많이 투자할수록 더 많은 도움을 받을 수 있다.

이 책은 크게 세 부분으로 나뉜다. 1부(1~5장)에서는 행복이란 무엇이며, 행복한 삶을 구성하는 기본 요소는 무엇인지 이야기할 것이다. 2부(6~8장)에서는 이러한 이론을 교육, 직장, 인간관계에서 실행에 옮기는 방법에 초점을 맞출 것이다. 마지막으로 3부(9~15장)는 행복의 본질과 우리 삶에서 행복이 차지하는 역할을 생각해보는 7가지 명상으로 구성된다.

먼저 1장에서는 내가 더 나은 삶을 탐구하게 된 계기를 이야기한다. 2장에서는 단순히 즉흥적으로 욕망을 채우거나 만족을 무한정 보류하는 것으로는 행복해질 수 없다고 주장한다. 우리가 흔히 아는 행복 모델, 즉 순간의 즐거움만을 추구하는 쾌락주의나 미래의 목표를 얻으려는 목적으로 만족을 보류하는 성취주의는 대다수에게 갖지 않는다. 현재와 미래의 이익에 관한 기본 욕구를 무시하기 때문이다.

3장에서는 우리가 행복해지려면 왜 의미와 즐거움이 있어야 하는지, 목적의식과 긍정적 감정의 경험이 왜 필요한지를 설명한다.

4장에서는 삶을 측정하는 궁극적인 가치는 돈이나 지위가 아닌 행복이어야 한다고 주장한다. 부와 행복의 관계를 알아보고 어느 때보다 물질적으로 풍족한 이 시대에 왜 많은 사람이 정서적으로 위태로운 상태에 있는지 그 이유를 묻는다.

5장에서는 이 책에서 제시하는 생각들을 목표 설정에 관한 기존의 심리학 문헌과 연결한다. 6장에서는 2부에서 제시한 이론을 응용해 학생 대부분이 학교를 싫어하는 이유와 아이들이 행복을 느끼면서 성공한 삶을 살 수 있도록 부모와 교육자들이 도울 방법을 모색한다. 사람들이 학습에 접근하는 방식을 잠수 모델과 연애 모델로 구분해서 설명한다.

7장에서는 내적인 만족과 외적인 성공 사이에 타협이 불가피하다는 통념에 의문을 제기한다. 잘할 수 있을 뿐 아니라 의미와 즐거움을 느낄 수 있는 일을 찾아가는 과정을 설명한다. 8장에서는 행복한 삶을 위해 가장 중요한 요소인 인간관계를 다룬다. 조건 없이 사랑하고 사랑받는 것이 무엇을 뜻하는지, 그러한 사랑이 왜 행복한 관계를 위해 필요한지 알아본다. 그리고 그러한 사랑이 다른 생활 부분에서 경험하는 즐거움과 의미에 어떻게 기여하는지 살펴본다.

마지막으로 3부의 첫 번째 명상에서는 행복과 이기심, 자비심의 관계를 다룬다. 두 번째 명상에서는 행복촉진제의 개념을 소개한다. 행복촉진제란 의미와 즐거움을 함께 주면서 우리의 행복 수준에 영향을 줄 수 있는 가벼운 활동을 말한다. 세 번째 명상에서는 행복 수준이 유전적 기질이나 어린 시절의 경험에 따라 결정되며, 변하지 않는다는 주장에 반론을 제기한다. 네 번째 명상에서는 스스로 충만한 삶을 살지 못하게 막는 우리 내면의 방해를 극복하는 방법을 알아본다.

다섯 번째 명상에서는 행복의 문제를 숙고해서 답을 찾을 수 있는 관점을 제시하는 사고실험을 할 것이다. 여섯 번째 명상에서는 할 일은 점점 많아지고 시간은 점점 부족해지면서 행복한 삶을 살지 못하는 우리 자신을 되돌아본다. 마지막 일곱 번째 명상에서는 행복 혁명을 다룬다.

나는 많은 사람이 진정한 행복을 궁극적인 가치로 인정한다면 우리 사회에 행복뿐 아니라 선의의 덕목이 넘치게 될 거라고 믿는다.

 차례

행복 공식 6가지　　　　　　　　　　　　　　　　　5
한국 독자들에게　　　　　　　　　　　　　　　　　7
들어가며_우리는 더 행복해질 수 있다　　　　　　10

1부 | 하버드에서 행복을 가르치는 이유

1장 · 지금보다 행복해지려면　　　　　　　　　　25
2장 · 미래의 행복이 가장 중요하다는 착각　　　　37
3장 · 행복은 성공을 동반한다　　　　　　　　　　59
4장 · 우리가 평생 추구해야 하는 가치　　　　　　84
5장 · 목표를 달성하는 것보다 더 중요한 것　　　102

2부 | 지금 당장 행복해지는 방법

6장 · 몰입의 힘　　　　　　　　　　　　　　　　125
7장 · 일의 의미　　　　　　　　　　　　　　　　143
8장 · 관계, 지속적인 행복을 가져다주는 힘　　　162

3부 | 행복을 위한 명상 7가지

9장 • 첫 번째 명상, 이기심과 자비심   181
10장 • 두 번째 명상, 행복촉진제   188
11장 • 세 번째 명상, 좀 더 행복해지기   195
12장 • 네 번째 명상, 행복할 권리와 자격   202
13장 • 다섯 번째 명상, 내면 들여다보기   210
14장 • 여섯 번째 명상, 단순하게 그리고 천천히   214
15강 • 일곱 번째 명상, 행복 혁명   223

나가며 _ 행복은 어디에나 있다   233
감사의 말   238
참고 자료   241

1부

하버드에서 행복을 가르치는 이유

HAPPIER

1장

지금보다 행복해지려면

나는 16세 때 이스라엘 전국 스쿼시 선수권 대회에 출전해 우승을 차지했다. 그리고 그 일을 계기로 삶에서 행복이라는 주제에 관심이 생겼다.

나는 그 대회에 출전하기 전 우승만 하면 행복해질 것이라고 믿었다. 때때로 밀려오던 공허감도 사라질 것이라고 믿었다. 하지만 대회를 준비하느라 5년간 훈련에 매달리면서 중요한 뭔가가 내 삶에서 빠져나가고 있다고 느꼈다. 아무리 열심히 달리고 체중을 감량하고 용기를 주는 격언을 외우고 또 외워도 채워지지 않는 뭔가가 있었다. 그래서 불행하다고 느꼈지만 내 삶에 '빠진 뭔가'를 찾는 건 시간문제일 뿐이라고 믿었다. 무엇보다 분명한 점은 대회에서 우승하려면 정신적으로나 육체적으로 분발해야 한다는 것이었다. 성취감을 느끼려면 우승이 필요했다. 행복해지려면 성취감이 필요했다. 그것이 내 논리였다.

마침내 이스라엘 전국 대회에서 우승했을 때 나는 떨 듯이 기뻤고 상상보다 훨씬 더 행복했다. 가족, 친구들과 함께 축하 자리를 가졌는데, 그 순간만큼은 5년이라는 준비 기간에 나를 움직였던 믿음이 옳았다는 것이 증명됐다. 그것은 우승하면 행복해질 것이라는 믿음이었다. 고된 훈련을 하면서 육체적, 감정적으로 고통을 겪은 보람이 있었다.

축하의 밤을 보내고 나는 방으로 들어갔다. 그리고 침대에 앉아서 잠자리에 들기 전 마지막으로 더없이 행복한 기분을 음미하려고 했다. 그런데 그토록 오랫동안 간절히 원하던 꿈을 이뤘다는 행복감이 홀연히 사라지면서 공허함이 다시 밀려왔다. 나는 당황스럽고 두려웠다. 몇 시간 전에 흘렸던 기쁨의 눈물은 고통과 무기력의 눈물로 변했다. 모든 것이 완벽하게 이뤄진 것처럼 보이는 지금도 행복하지 않다면 앞으로 어떻게 행복을 누릴 수 있을까?

나는 벅찬 기쁨을 느낀 뒤 잠시 기분이 가라앉은 것일 뿐이라고 생각했다. 하지만 그 뒤로 며칠, 몇 달이 지나도 다시 행복해지지 않았다. 오히려 목표(이를테면 세계 대회에서 우승하는 것)를 대체하는 것으로는 행복해질 수 없다는 생각이 들면서 황폐한 기분에 휩

싸였다. 어떤 노력도 다 부질없었다.

> **생각해보기**
>
> 목표를 이뤘지만 그동안 기대했던 만큼 만족할 수 없었던 경험을 돌이켜보자.

나는 다른 관점에서 행복을 생각하고 행복의 본질을 이해해야 한다는 것을 깨달았다. 그래서 "어떻게 하면 끊임없이 행복해질 수 있을까?"라는 질문과 씨름하며 열심히 그 답을 찾았다. 행복해 보이는 사람들을 관찰하고 무엇이 그들을 행복하게 하는지 물었다. 그리고 아리스토텔레스에서 공자까지, 고대 철학에서 현대 심리학까지, 학문적 연구 성과에서 자기계발서까지 행복이라는 주제와 관련된 모든 글을 읽었다.

본격적으로 행복의 문제를 탐구하기 위해 대학에서 철학과 심리학을 공부하기로 했다. 작가, 사상가, 예술가, 교사 등 '행복의 문제'를 연구해온 훌륭한 사람들과도 만났다. 주제를 면밀히 분석하는 법을 배우고, 내적 동기와 창의성에 관한 강연을 들었다. 그리고 플라톤이 말한 '선'과 에머슨이 주장한 '우리 마음의 고결함'에 관한 글을 읽으면서 새로운 렌즈를 통해 나 자신과 주변 사람들의 삶을 분명히 바라봤다.

불행한 사람은 나 혼자만이 아니었다. 많은 학생이 스트레스에 시달리고 있었다. 하지만 뜻밖에도 그들은 내가 '가장 중요한 문제'라고 믿는 것에 관해서는 거의 생각하지 않았다. 그들은 성적을 잘 받고 운동을 잘하고 좋은 직장을 구하기 위해 시간을 보냈지만 그러한 목표의 추구와 성취로는 꾸준히 행복해질 수 없다. 예를 들어 대학을 졸업하고 취직하면 학업 성적 대신 승진이 목표가 되는 것처럼, 구체적인 목표가 바뀔 뿐 기본적인 생활은 달라지지 않았다. 많은 사람이 정서의 피폐함을 성공에 따라오는 불가피한 대가로 여기는 것 같았다.

그렇다면 헨리 데이비드 소로가 말했듯이 "대부분의 사람은 '자포자기'한 삶을 살아간다"라는 것이 사실일까? 나는 그의 비관론을 필연적인 현실로 받아들이고 싶지 않았으므로 계속해서 질문을 던졌다.

'어떻게 하면 성공적이면서 행복한 삶을 살 수 있을까?'
'어떻게 하면 야망과 행복을 조화시킬 수 있을까?'
'어떻게 하면 '고통이 없으면 얻는 것도 없다'라는 진리에 도전할 수 있을까?'

그러던 어느 날, 문득 이러한 질문의 답을 찾기 전에 먼저 행복이 무엇인지 알아야 한다는 것을 깨달았다.

행복은 감정인가? 즐거움과 같은 것인가? 고통의 부재인가? 황홀한 경험인가? 흔히 즐거움, 지복至福, 황홀경, 만족과 같은 단어를 행복과 동의어로 사용하지만, 어느 것도 내가 생각하는 행복의 의미를 정확하게 표현하지 못했다. 그런 감정은 즐겁고 의미가 있다 해도 덧없으며 행복의 기준이 될 수 없다. 우리는 때때로 슬픔을 겪으면서도 대체로 행복하게 산다.

행복의 본질을 표현하기에 부적절한 단어와 정의를 가려내기는 쉽지만 적절한 단어와 정의를 찾기는 어렵다. 우리는 모두 행복을 이야기하고 언제 행복을 느끼는지 알고 있지만, 행복의 전제를 일관되게 정의하지는 못한다.

행복Happy이라는 단어의 어원은 '행운' 또는 기회'를 뜻하는 아이슬란드어 'Happ'로 Haphazard(우연), Happenstance(우연한 일)와 어원이 같다. 하지만 나는 행복의 경험을 우연으로 돌리고 싶지 않았기에 행복의 정의를 내리고 이해하려고 했다. 이 책을 쓴 것도 그런 이유에서다.

생각해보기

당신은 행복을 어떻게 정의할 것인가? 행복은 당신에게 어떤 의미가 있는가?

나는 아직도 16세 때 삶에 제기했던 질문의 완전한 답을 찾지 못했으며 앞으로도 찾지 못할 것 같다. 내가 읽은 글이나 조사, 관찰, 반성을 통해 그 어떤 비결이나 '행복으로 가는 5단계' 따위는 존재하지 않는다는 것을 깨달았다. 따라서 내가 이 책을 쓴 목적은 행복하고 성공한 삶의 근간인 원칙을 깨닫는 것이다.

물론 이 원칙은 만병통치약이 아니며, 더구나 저마다 처한 상황이 다르므로 모든 사람에게 적용할 수는 없다. 나는 주로 긍정심리학에 초점을 맞추고 기술하므로 행복 추구를 방해하는 심각한 우울증이나 불안장애와 같은 정신적 문제는 다루지 않을 것이다. 성공을 방해하는 외부 문제를 해결하는 방법도 가르쳐줄 수 없다.

전쟁이나 정치적 압제, 극심한 가난에 시달리는 사람들에게 여기서 제시하는 이론을 적용할 수는 없다. 사랑하는 사람을 잃고 나서 행복에 관심을 두기는 힘들다. 그보다 덜 심각한 상황에 처한 사람이라고 해도 일이나 어떤 관계에서 실망하거나 시련을 겪을 때 행복을 추구하라는 조언은 도움이 되지 않을 것이다. 어떤 상황에서는 부정적 감정을 경험하고 순리에 맡기는 것이 최선이다.

인생에서 어떤 고통은 피할 수 없으며 책을 읽는 것으로 극복할 수 없는 외부 문제나 내부 문제도 많다. 하지만 행복의 본성을 분명히 이해하고 적절한 방법을 적용함으로써 지금보다 더 행복해질 수 있다.

♦ 좀 더 행복해지기

이 책을 쓰는 동안, 그리고 행복에 관한 다른 사람들의 생각을 읽는 동안 나는 훌륭한 삶을 생각하고 주변 사람들의 행동을 관찰하면서 종종 나 자신에게 물었다.

"나는 행복한가?"

다른 사람들도 내게 비슷한 질문을 했다. 하지만 이 질문이 의도와 달리 내게 도움이 되지 않는다는 것을 깨닫기까지 한참이 걸렸다.

자신이 행복한지 아닌지 어떻게 판단하는가? 어떨 때 행복해지는가? 행복의 보편적인 기준이 있는가? 있다면 그 기준은 무엇인가? 자신의 행복은 다른 사람들의 행복과 관련이 있는가? 만약 그렇다면 다른 사람들이 얼마나 행복한지 어떻게 알 수 있는가? 이런 질문에는 확실하게 답할 수 없으며 만약 할 수 있다 해도 그로 인해 자신이 더 행복해지지는 않을 것이다.

"나는 행복한가?"라는 질문은 궁극적인 가치에 관해 이분법적 사고를 갖게 하는 닫힌 질문이다. 행복하지 못하면 불행하다는 식이다. 이런 식으로 접근한다면 행복은 어떤 과정이 끝나는 곳에 있고 그곳에 도착하면 여행이 끝난다. 하지만 그런 곳은 존재하지 않으며, 그런 곳이 존재한다는 믿음에 매달린다면 결국 불만과 좌절을 겪게 될 것이다.

우리는 언제라도 행복해질 수 있다. 누구도 항상 완벽한 기쁨을 맛볼 수 없다. 완벽한 기쁨을 기대하는 것은 지나친 욕심이다. 따라서 자신이 행복한지 아닌지 묻기보다는 "어떻게 하면 좀 더 행복해질 수 있는가?"라고 물어야 한다. 이 질문은 행복 추구가 어떤 지점에서 끝나는 것이 아니라 지속적인 과정이라는 점을 인정하는 것이다. 나는 5년 전보다 지금이 더 행복하며 5년 후에는 지금보다 더 행복해지기를 바란다.

우리는 완벽한 행복이라는 가공의 지점에 도달하지 못했다고 좌절하거나 자신이 얼마나 행복한지 따져보면서 에너지를 낭비한다. 하지만 앞으로 얼마든지 행복해질 수 있다는 것을 인정하고 궁극적인 가치를 달성하는 방법에 초점을 맞춰야 한다. 좀 더 행복해지는 것은 우리가 평생 추구해야 하는 일이다.

✅ 규칙 정하기

누구에게나 변화는 어렵다. 새로운 요령을 배우거나 새로운 행동을 하거나 오랜 습관을 버리는 등의 변화는 생각보다 힘들며, 개인이나 조직이 시도하는 변화는 대부분 실패로 끝난다는 것을 많은 연구 결과가 보여준다.[1] 자신에게 아무리 유익한 일이라고 해도 어떤 결심을 실천하는 것은 자제력만으로는 부족하다. 그래서 새해 각오가 대부분 작심삼일로 끝나는 것이다.

짐 로허와 토니 슈워츠는 《몸과 영혼의 에너지 발전소》라는 책에서 변화를 위한 색다른 방법을 제안한다. 변화를 위한 수단으로 자제력을 기르는 방법에 초점을 맞추는 대신 규칙을 사용해야 한다는 것이다. 그들은 "규칙을 정하는 것은 특정한 시간에 특정한 행동을 마음 깊은 곳에 새겨진 가치에 따라 수행하는 것"이라고 말한다.

규칙은 시작하기는 어려워도 유지하기는 비교적 쉽다. 최고의 운동선수는 나름의 규칙을 따른다. 그들은 하루 중 언제 경기장에서 훈련하고, 언제 체육관에서 운동하고, 언제 편히 쉬어야 하는지 안다.[2] 적어도 하루에 두 번 이를 닦는 것은 우리에게 규칙이기 때문에 특별한 자제력이 필요하지 않다. 따라서 우리가 변화를 시도할 때도 이런 식으로 접근해야 한다.

운동선수에게 최고의 선수가 되는 것은 마음 깊은 곳에 새겨진 가치이므로 훈련과 관련된 규칙을 지킨다. 많은 사람에게 청결은 마음 깊은 곳에 새겨진 가치이므로 이를 규칙적으로 닦는다. 개인의 행복을 중요한 가치로 인식하고 좀 더 행복해지기를 원한다면 마찬가지로 그와 관련된 규칙을 정해야 한다.

어떤 활동이 당신을 좀 더 행복하게 해주는가? 어떤 습관을 만들고 싶은가? 우리는 일주일에 세 번 운동하기, 매일 아침 15분씩 명상하기, 한 달에 두 번 영화 관람하기, 매주 화요일마다 배우자와 데이트하기, 하루건너 1시간씩 책 읽기 등을 규칙으로 정할 수 있다. 한 번에 하나를 규칙으로 정해서 실천하다가 익숙해지면 새로운 규칙을 추가한다. 토니 슈워츠의 말을 기억하라.

"점진적으로 변화하는 것이 욕심을 부리다가 실패하는 것보다 낫다. 성공이 성공을 낳는다."

일단 어떤 규칙을 정하면 그것을 일정표에 넣는 것으로 시작한다. 규칙은 시작하기가 어렵다. 하지만 적어도 30일만 지나면 이를 닦는 것처럼 쉬워지고 자연스러워진다.[3] 습관은 보통 쉽게 바뀌지 않는데, 이것은 올바른 습관에 관한 한 좋은 일이다. 아리스토텔레스의 말처럼 지금의 우리는 반복적인 행동의 결과물이다. 따라서 탁월함은 행동이 아니라 습관이다.

사람들이 때로 규칙에 저항하는 이유는 규칙이 자발성과 창조성을 앗아갈지도 모른다고 믿어서다. 특히 배우자와 꾸준히 데이트하거나 그림을 그리는 것처럼 대인관계나 예술 행위에서 더욱 그렇다. 하지만 우리의 행동, 이를테면 체육관에서 운동하기나 가족과 함께 시간 보내기, 책 읽기 등은 규칙으로 정하지 않으면 게으름을 피우거나 다른 사람들에게 끌려다니면서 시간과 에너지를 뺏기기 쉽다.

체계적이고 규칙적으로 생활하면 24시간 대기할 필요가 없으므로 스스로 행동할 수 있는 시간이 생긴다. 더 나아가 규칙에 자발성을 결합할 수 있는 여유가 생긴다. 예를 들어 데이트할 때 어디에 갈 것인지 스스로 결정할 수 있다. 이처럼 규칙은 오히려 우리를 자유롭게 만들어 창의적이고 자발적으로 행동하게 한다. 예술가든, 사업가든, 부모든 창의적인 사람들은 규칙을 정해 잘 따른다.

이 방법을 참고해 행복에 도움을 주는 여러 가지 규칙을 만들고 실천해보자.

✅ 감사 표현하기

로버트 에먼스와 마이클 매컬로의 연구는 매일 적어도 5가지씩 감사하는 일을 찾아 감사 일기를 쓰는 사람이 정신뿐 아니라 육체적으로 더 건강하다는 것을 보여준다.

매일 밤 잠자리에 들기 전에 당신을 행복하게 했거나 지금 행복하게 하는 것, 그래서 당신이 감사하는 일을 적어도 5가지씩 적어보자. 친구와 의미 있는 대화를 나누면서 즐겁게 식사한 일에서부터 직장일, 종교 문제에 이르기까지 크든 작든 상관없다.

이 연습을 꾸준히 하다 보면 어느새 자기도 모르게 습관이 든다. 중요한 점은 반복하더라도 매번 새로운 마음으로 하고 각각의 수행이 어떤 의미가 있는지 글로 써보고 그와 관련된 감정을 느끼는 것이다. 이 연습은 우리에게 주어진 긍정적인 면을 당연하게 여기지 않고 감사하는 마음을 갖게 한다.

혼자 할 수도 있지만 사랑하는 사람들과 함께하면 더욱 좋다. 아이, 부모, 형제, 친구와 서로 감사를 표현하면 관계가 한층 돈독해질 것이다.

2장

미래의 행복이
가장 중요하다는 착각

1년 중 가장 중요한 스쿼시 대회가 다가오고 있었다. 나는 젖 먹던 힘까지 다해 열심히 훈련하고 특별한 식이요법으로 체력을 보충했다. 대체로 훈련에 필요한 건강한 식사 습관을 유지했지만 가끔 정크푸드를 먹는 사치를 부리기도 했다.

하지만 토너먼트를 4주 앞두고는 철저하게 지방이 없는 생선과 닭가슴살, 통곡물, 신선한 과일과 채소만 먹기 시작했다. 그리고 그런 금욕생활의 보상으로 대회가 끝나면 이틀 동안 정크푸드를 실컷 먹겠다고 별렀다.

대회가 끝나자마자 곧바로 좋아하는 햄버거 식당으로 달려갔다. 카운터에서 햄버거 4개를 주문해 자리로 들고 오면서 '파블로프의 개'가 종소리를 듣고 어떻게 느꼈는지 알 것 같았다. 자리에 앉자마자 황급히 첫 번째 햄버거의 포장을 벗겼다. 하지만 햄버거를 입으로 가져가다 말고 동작을 멈췄다.

한 달 내내 고대하던 음식이 플라스틱 접시에 담겨 눈앞에 놓여 있는데 갑자기 그것을 먹고 싶은 생각이 사라졌다. 왜 그랬을까? 이상하게 여기다가 떠오른 것이 이른바 행복 모델 또는 햄버거 모델이다.

나는 햄버거를 입에 대는 순간, 건강한 식사를 하는 동안 몸이 정화되고 활력이 넘쳤던 것을 기억했다. 햄버거 4개를 맛있게 먹을 수는 있지만 그것을 먹고 나면 불쾌하고 피곤해지리라는 것을 깨달았다.

나는 햄버거를 내려놓고 물끄러미 바라보면서 각기 다른 태도와 행동을 대표하는 4가지 종류의 햄버거를 생각했다.

♦ **삶을 정의하는 햄버거 모델**

첫 번째는 내가 방금 거절한 맛있는 '정크푸드 햄버거'다. 이 햄버거를 먹는다면 지금 당장 맛있게 먹을 수 있는 현재의 이익을 얻지만, 먹고 나서 건강이 나빠지는 미래의 손실을 입는다. 현재의 이익과 미래의 손실을 선택하는 것은 쾌락주의자의 전형이다.

쾌락주의자의 좌우명은 "즐거움을 추구하고 고통은 피하라"다.

그들은 현재를 즐기는 데 초점을 맞추지만 그러한 행동이 초래할 결과는 무시해버린다.

두 번째는 건강한 재료를 사용해서 만든 '채소 햄버거'다. 이 햄버거를 먹는다면 먹고 나서 건강해지는 미래의 이익을 얻지만, 맛있게 먹는 즐거움은 포기해야 하는 현재의 손실을 보게 된다. 대표적인 예가 성취주의자다. 성취주의자는 현재보다 미래를 중요하게 여기고 미래의 이익을 위해 현재를 희생한다.

세 번째는 맛도 없고 건강도 해치는 '최악의 햄버거'다. 이 햄버거를 먹으면 맛을 즐길 수 없는 현재의 손실과 건강을 해치는 미래의 손실을 입는다. 대표적인 예가 허무주의자다. 허무주의자는 삶의 의욕을 잃고 순간을 즐기지 못하면서 목적의식도 없다.

앞에서 말한 3가지 전형 외에 하나가 더 있을 수 있다. 내가 거부한 햄버거처럼 맛이 있으면서도 채소 햄버거처럼 몸에도 좋은 햄버거가 있지 않을까? 바로 현재와 미래의 이익을 모두 보장해주는 '이상적인 햄버거'다. 이러한 햄버거는 행복한 사람을 상징한다. 행복한 사람은 현재에 즐거움을 주는 활동이 곧 미래의 성공으로 자신을 안내한다는 믿음을 갖고 생활한다.

다음 페이지의 그림은 4가지 전형에서 현재 이익과 미래 이익의 관계를 나타낸 것이다. 세로축은 미래를 나타내는데, 위쪽은 미래의 이익이고 아래쪽은 미래의 손실이다. 가로축은 현재를 나타내는데, 오른쪽은 현재의 이익이고 왼쪽은 현재의 손실이다.

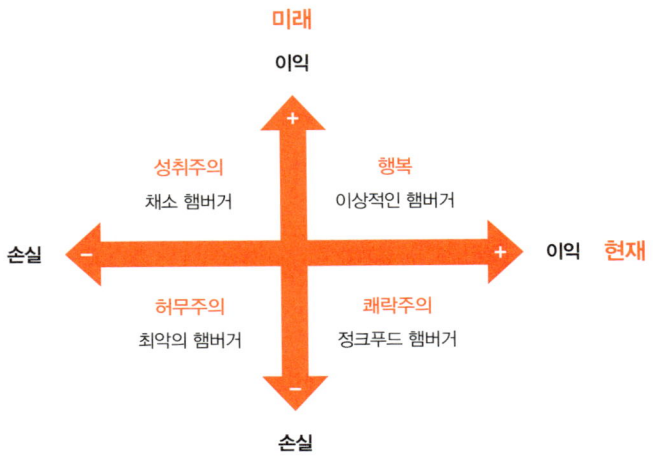

여기서 말하는 전형이란 실제 사람들이 아니라 이론적으로 공식화한 유형을 의미한다. 그 정도야 다르겠지만 실제로 대부분은 성취주의자, 쾌락주의자, 허무주의자, 행복주의자의 성향이 다 있다. 따라서 각 전형의 묘사는 캐리커처처럼 실제 사람을 닮았지만 두드러진 점을 강조해서 나타낸 것이다.

가공의 인물인 티몬의 삶을 예로 들어 각각의 전형을 자세히 알아보기로 하자.

생각해보기

당신은 주로 어느 사분면에 속하는가?

♦ 현재의 행복을 저당 잡힌 성취주의자

어린 시절의 티몬은 미래를 걱정하지 않고 하루하루 경이롭고 흥미로운 경험을 한다. 하지만 만 6세가 돼 학교에 입학하면서 성취주의자의 삶을 살기 시작한다.

티몬은 부모와 교사들에게 학교에 다니는 목적은 좋은 성적을 거둬서 미래를 보장받는 것이라는 이야기를 귀에 못이 박히도록 듣는다. 학교생활이나 배움이 즐거울 수 있고 즐거워야 한다는 이야기는 듣지 못한다.

티몬은 교사의 말을 한마디도 놓치지 않고 열심히 듣고 공부하지만 시험을 망칠까 봐 늘 불안하고 걱정스럽다. 그저 수업시간이 끝나기만을 기다리고 하루가 끝나기만을 기다린다. 방학이 되면 공부와 성적에서 해방될 거라는 생각으로 하루하루를 버틸 뿐이다.

그는 '성적이 성공의 척도'라는 어른들의 가치를 자기 것으로 받아들이고 어쩔 수 없이 하기 싫은 공부를 열심히 한다. 그가 공부를 잘하면 부모와 교사들은 칭찬하지만 같은 교육을 받는 학급 친구들은 그를 시기한다.

'고통이 없으면 얻는 것도 없다'라는 성공 공식을 충분히 체득한 티몬은 고등학교에 입학하자 미래의 행복을 위해 현재의 즐거움을 희생한다. 그는 좋아하지 않는 학과공부나 과외활동을 충실하게 따라간다. 오로지 성적을 올려야 한다는 일념으로 참고 견디면서 대학에만 들어가면 그때부터 삶을 즐길 수 있다고 자신을 타이른다.

드디어 티몬은 원하던 대학에 입학한다. 그는 입학허가서를 받아들고 기쁨과 안도의 눈물을 흘린다. 이제 행복해질 수 있으리라 생각한다.

하지만 안도감은 금방 사라진다. 몇 달도 안 지나서 티몬은 오랫동안 느꼈던 불안감에 다시금 사로잡힌다. 대학에서 최고의 학생들과 경쟁하면서 뒤떨어질까 두려워한다. 만일 그들과의 경쟁에서 진다면 원하는 직장에 어떻게 들어갈 것인가?

결국 성취주의자의 삶은 계속된다. 대학 4년 동안 티몬은 근사한 이력서를 만들려고 노력한다. 동아리를 만들고, 또 다른 동아리의 회장이 되고, 노숙자 쉼터에서 자원봉사를 하고, 대학 대표 선수로 활약한다. 그리고 흥미가 있는 과목이 아니라 좋은 성적을 얻을 수 있는 과목을 신중하게 선택해 등록한다.

때로는 리포트를 제출하거나 시험이 끝난 뒤에 즐겁게 지내기도 한다. 하지만 무거운 짐을 잠시 내려놓는 순간은 그리 오래가지 못한다. 다시 해야 할 일들이 쌓이기 시작하면 불안감도 커진다.

졸업하는 해의 봄에 티몬은 어느 유명 회사에서 일자리를 제의받는다. 그는 그 제의를 기쁘게 받아들인다. 이제는 인생을 즐길 수 있다고 생각한다.

하지만 얼마 안 가 하루 8시간 근무가 즐겁지 않다는 것을 알게 된다. 그는 정착하고 안정될 때까지는 희생해야 한다며 다시 자신을 타이른다. 이따금 월급이 오르거나, 보너스를 두둑이 받거나, 진급하거나, 사람들이 그의 지위를 부러워하면 기분이 좋아진다. 하지만 성취감은 얼마 못 가 사라지고 다시 단조롭고 고된 일상으로 돌아간다.

오랜 세월 힘들게 일한 티몬은 회사에서 파트너 제의를 받는다. 그는 파트너가 되면 행복해질 거라고 생각했던 때를 희미하게 기억하지만 현실은 그렇지 않다.

티몬은 대학에서 우수한 학생이었고 지금은 유명 회사의 파트너다. 부촌에 자리 잡은 저택에서 사랑하는 가족과 함께 남부럽지 않게 살고 있다. 고급 승용차를 타고 다니며, 충분히 쓰고도 남을 만큼 돈을 번다. 하지만 그는 불행하다.

다른 사람들은 티몬을 성공의 본보기로 여긴다. 부모들은 자녀에게 열심히 공부하면 티몬처럼 될 수 있다고 말하고, 아이들은 그를 역할 모델로 삼는다. 티몬은 그런 아이들을 보며 동정하지만 그들이 자신과 다른 삶을 살 수 있을지, 어떤 대안이 있는지 알지 못한다. 그는 자신의 아이들에게도 무슨 말을 해줘야 할지 모른다. 학교에서 열심히 공부하지 말라고? 좋은 대학에 들어가지 말라고? 성공은 불행과 동의어라고?

티몬은 불행한 성취주의자다. 하지만 많은 직장인이 하루 8시간을 일터에서 열심히 그리고 즐겁게 일한다는 사실에 주목해야 한다. 열심히 노력해서 성공하는 것은 성취주의자가 되는 것과 동의어가 아니다. 오랜 시간 학업이나 직업에 열중하면서 동시에 행복한 사람들이 있다. 성취주의자가 그들과 다른 점은 자신이 하는 일을 즐기지 못하며 어떤 목적지에 도달하면 비로소 행복해질 거라고 믿는 데 있다.

티몬을 예로 들었지만, 직장인만 성취주의자가 되는 것은 아니다. 의사 역시 최고의 의대에 진학하고, 최고의 병원에서 근무하고, 과장으로 승진하려고 애쓰면서 중압감에 시달리는 성취주의자의 모습을 보인다. 한때의 열정은 사라지고 오로지 상을 받기 위해 그림을 그리는 미술가도 다를 바 없다. 그들은 '한 번의 대박'이 행복을 가져다줄 거라고 믿는다.

우리 주변에 성취주의자가 많은 데에는 우리 사회가 아이들에게 그릇된 믿음을 심어주기 때문이다. 학기말 시험에 A를 받으면 부모에게 선물을 받는다. 직장에서 목표량을 채우면 연말에 보너스를 받는다. 여행 자체를 즐기기보다 여행을 성공적으로 마쳐야만 보상받는 것이다. 현재의 경험보다 다음 목표에 초점을 맞추게 하고 손에 잡히지 않는 미래를 평생 좇아가게 만든다. 결국 사회는 과정이 아니라 결과를, 여행이 아니라 도착을 중요하게 여긴다.

그래서 우리는 일단 목적지에 도착하고 목표를 달성하면 행복해질 거라고 기대한다. 안도감을 행복으로 착각한다. 여행하는 동안 짊어져야 했던 짐이 무거울수록 안도감은 커진다. 그러한 안도감을 행복이라고 착각하면서 목표를 달성하고 나면 행복해질 거라는 기대가 더욱 커진다. 물론 안도감도 가치 있고 즐겁고 현실적인 경험이지만, 행복과는 다르다.

안도감은 스트레스나 불안이 없는 상태인 부정적인 행복이라고 할 수 있다. 기본적으로 안도감은 불쾌한 경험을 전제로 하므로 지속적인 행복이 될 수 없다. 머리가 깨질 듯한 두통이 사라지면 고통에서 벗어난 것이 다행스러울 것이다. 하지만 그 '행복'은 고통 뒤에 오는, 부정적인 경험에서 벗어난 상태에 불과하다. 안도감 역시 일시적이다. 두통이 사라지면 고통의 부재에서 안도감을 느끼지만 그것도 잠시, 어느새 육체의 편안함에 적응하면서 당연하게 받아들인다.

안도감과 행복을 혼동하는 성취주의자는 계속해서 목표를 좇는다. 목표를 달성하면 행복해질 수 있다고 착각하기 때문이다.

생각해보기

당신은 때로 쫓기면서 살고 있다고 느끼는가? 제3자의 눈으로 당신의 삶을 바라본다면 어떤 충고를 해주고 싶은가?

♦ 고통은 피하고 즐거움만을 추구하는 쾌락주의자

쾌락주의자는 즐거움을 추구하고 고통을 피한다. 욕구를 충족하는 데 급급하며 미래는 거의 또는 전혀 고려하지 않는다. 행복한 삶은 즐거운 경험의 연속이라고 믿으며, 당장 기분이 좋으면 또 다른 욕망이 생길 때까지 지금 하는 행동을 그만두지 않는다. 열정적으로 우정과 사랑을 시작하지만 신선함이 사라지면 곧바로 다음 관계로 옮겨간다.

쾌락주의자는 오로지 현재에 초점을 맞추므로 당장 만족을 얻을 수 있으면 나중에 피해 보는 행동도 서슴지 않는다. 마약으로 즐겁다면 그것을 한다. 일이 어렵게 느껴지면 그것을 피한다.

쾌락주의자는 노력과 고통 그리고 쾌락과 행복을 같다고 여긴다. 이러한 착각의 위험은 〈환상특급〉이라는 텔레비전 프로그램의 에피소드에서 엿볼 수 있다.

어느 범죄자가 경찰에 쫓기다가 죽게 되는데, 죽은 뒤에 어떤 소원이든 들어주겠다는 천사를 만난다. 그 남자는 평생 죄를 많이 지은 자신이 천국에 왔다는 사실을 믿지 못한다. 그래서 처음에는 어리둥절하지만 곧 자신이 운이 좋다 생각하고 소원을 말하기 시작한다. 먼저 펑펑 쓸 수 있는 돈을 원하자 엄청난 돈이 쏟아진다. 먹고 싶은 음식을 달라고 하자 당장 맛있는 음식이 차려진다. 아름다운 여인들을 원하자 바로 나타난다. 남자는 너무 기분이 좋아서 사후의 삶이 이보다 좋을 수 없을 것 같다고 생각한다.

그러나 시간이 흐르면서 쾌락은 줄어들기 시작한다. 노력하지 않아도 되는 삶은 점점 지루해진다. 남자가 일하게 해달라고 하자, 천사는 "이곳에서 원하는 것은 무엇이든지 얻을 수 있지만 일해서 얻을 수는 없다"라고 말한다.

남자는 아무것도 할 일이 없는 삶이 점점 더 무료하게 느껴진다. 마침내 그는 천사에게 "다른 곳에 가고 싶다"라고 말한다. 그는 자신이 천국에 있다고 생각하고 차라리 지옥으로 보내 달라고 요구한다. 그러자 카메라가 점점 사악하고 무시무시하게 변하는 천사의 얼굴을 가까이 비춘다. 악마로 변한 천사는 불길하게 웃으면서 말한다.

"여기가 바로 거기다."

쾌락주의자가 천국이라고 착각한 그곳은 지옥이었다. 장기적인 목적이 없고 아무 도전이 없는 삶은 더는 의미가 없다. 단지 즐거움을 추구하고 고통을 피하는 것으로는 행복해질 수 없다. 하지만 에덴동산을 동경하며 우리 안에 항상 존재하는 쾌락주의자는 노력을 고통과 동일시하고 무위도식을 즐거움과 동일시한다.

〈환상특급〉의 에피소드와 유사한 주제로 실험이 이뤄졌다. 심리학자들은 대학생들에게 돈을 주는 대신 아무 일도 시키지 않았다. 그들은 다른 일을 해서 벌 수 있는 돈보다 훨씬 많은 돈을 받았지만 4~6시간이 지나자 불행하다고 느끼기 시작했다. 그들은 보수가 좋고 '편한' 일을 그만두고 자극과 도전을 찾아 더 힘들고 보수가 적은 일을 하러 갔다.

1996년 나는 인종차별에 반대하는 투쟁을 벌이는 남미 경영인들을 위한 리더십 세미나를 열었다. 그들은 인종차별에 맞서 투쟁하면서 분명한 목적의식과 미래의 목표를 갖게 됐고, 힘들고 위험한 일도 많지만 흥미진진하고 매혹적인 삶을 살고 있다고 고백했다.

마침내 인종차별 정책이 철폐되자 그들은 기뻐하며 몇 달에 걸쳐 축하했다. 하지만 얼마 지나지 않아 그들은 이루 말할 수 없는 공허함을 느끼고 의기소침하게 변하기 시작했다. 물론 그들은 많은 사람이 인종차별로 억압받았던 시절로 돌아가는 것을 원하지 않았다. 하지만 대의가 사라지자 허탈감을 느낀 것이다. 그중 몇몇은 가정이나 지역사회를 위한 봉사활동을 하거나 또 다른 직업과 취미를 통해 목적의식을 되찾았다. 하지만 어떤 사람들은 수년이 지나고 나서도 여전히 방향을 잃고 헤매고 있다.

최고의 수행과 최상의 경험을 연구하는 미하이 칙센트미하이는 최고의 순간에 관해 이렇게 말했다.

"최고의 순간은 보통 힘들고 가치 있는 뭔가를 달성하기 위해 스스로 노력하면서 몸과 마음이 최고의 기량을 발휘할 때 나타난다."

투쟁이 없는 쾌락주의는 행복을 위한 처방이 아니다. 미국 보건복지부 장관을 역임한 존 가드너는 "우리는 계곡에 있을 때나 정상에 있을 때나 편히 쉬는 게 아니라 더 높이 올라가려고 한다"라고 지적했다.

이제 티몬의 이야기로 돌아가자. 그는 미래의 목표를 추구하는 것으로는 행복할 수 없다는 결론을 내리고 현재에 집중하기로 한다. 그는 음주와 마약에 빠지고 순전히 즐기려고 사람들을 만난다. 일을 그만두고, 일광욕하고 무위도식을 즐기면서 미래를 생각하지 않고 시간을 보낸다. 한동안 그는 자신이 행복하다고 믿는다. 그러나 〈환상특급〉의 범죄자가 그랬듯이 얼마 안 가 자신이 불행하다고 느낀다.

> **생각해보기**
>
> 잠깐이든 오래든 당신이 쾌락주의자로 살았던 시기를 돌아보자. 그렇게 살면서 무엇을 얻고 무엇을 잃었는가?

♦ 행복을 스스로 포기한 허무주의자

여기서 말하는 허무주의자는 행복을 단념하고 삶에 아무런 의미가 없다고 믿으며 체념한 사람이다. 성취주의자가 미래를 위해 사는 사람이고 쾌락주의자가 현재를 위해 사는 사람이라면, 허무주의자는 과거에서 사는 사람이다. 현재의 불행을 체념하고 미래에도 불행하게 살 수밖에 없다고 생각하는 사람은 과거의 실패에 발목을 잡혀서 행복할 수 없다.

마틴 셀리그먼은 이렇게 과거의 실패에 사로잡힌 상태를 '학습된 무기력'이라고 표현했다. 셀리그먼은 개들을 세 그룹으로 나눠서 실험했다. 첫 번째 그룹의 개들에게는 전기 자극을 주되, 배전반을 누르면 전기 자극을 멈출 수 있도록 했다. 두 번째 그룹의 개들에게는 어떤 방법으로도 전기 자극을 멈출 수 없도록 했다. 세 번째 그룹의 개들에게는 아무런 전기 자극도 주지 않고 대조군으로 남겨뒀다.

그다음에 개들을 모두 상자에 넣고 전기 자극을 주되, 나지막한 방해물을 뛰어넘으면 탈출할 수 있도록 해놓았다. 그러자 전기 자극을 멈출 수 있었던 첫 번째 그룹의 개들과 아무런 전기 자극도 받지 않았던 세 번째 그룹의 개들은 재빨리 방해물을 뛰어넘어서 탈출했다. 하지만 전기 자극을 멈출 수 없었던 두 번째 그룹은 아예 탈출하려는 노력조차 하지 않고 그대로 상자 안에 엎드려서 깨갱거리기만 했다. 그 개들은 무기력해지도록 학습된 것이다.

셀리그먼은 사람을 대상으로 유사한 실험을 했다. 사람들에게 소음을 들려주되, 첫 번째 그룹은 소음을 통제하고 멈출 수 있도록 했지만 두 번째 그룹은 아무런 방법도 사용할 수 없도록 했다. 그러고 나서 두 그룹 모두에게 시끄러운 소리를 들려주고 소음을 끌 수 있도록 해뒀지만 두 번째 그룹의 사람들은 끄려는 노력조차 하지 않았다. 그들은 체념한 채 그대로 소음을 참고 견뎠다.

셀리그먼의 연구 결과는 우리가 얼마나 쉽게 무기력을 학습할 수 있는지 보여준다. 우리는 때때로 어떤 시도를 했다가 원하는 결과를 얻지 못하면, 우리 삶이나 어느 특정한 부분을 통제할 수 없다는 생각을 한다. 그러한 생각은 자포자기로 이어진다.

결국 티몬도 성취주의자가 되든 쾌락주의자가 되든 불행해질 것이며 다른 선택이 없다고 생각하면 자포자기한 심정으로 허무주의자가 될 것이다.

그러면 그의 자녀들은 어떨까? 그는 아이들까지 '조용한 절망'의 삶을 살기를 원하지 않지만 그들을 어떻게 가르쳐야 하는지 모른다. 목표를 달성하기 위해 현재를 희생하라고 가르칠 것인가? 성취주의자의 불행을 알면서 그럴 수는 없다. 그러면 오늘을 위해서 살라고 가르칠 것인가? 그럴 수도 없다. 쾌락주의자의 삶이 얼마나 공허한지 잘 알기 때문이다.

생각해보기

잠깐이든 오래든 인생의 허무함을 느끼고 현재의 불행 너머를 볼 수 없었던 시기를 돌아보자. 만약 제3자의 눈으로 그런 상황에 있는 자신을 바라본다면 어떤 충고를 해주고 싶은가?

성취주의자, 쾌락주의자, 허무주의자는 저마다 다른 오류를 범한다. 그들은 현실과 행복의 진정한 본질, 충만한 삶을 위해 필요한 것들을 알지 못한다.

성취주의자는 어떤 가치를 지닌 도착지에 도달하면 행복을 유지할 수 있을 거라고 착각한다. 쾌락주의자는 미래의 목적과 동떨어진 순간의 즐거움을 계속 경험하면 행복을 유지할 수 있을 거라고 착각한다. 허무주의자 역시 아무리 노력해도 행복해질 수 없다는 그릇된 믿음 때문에 성취주의와 쾌락주의가 아닌 제3의 길이 있다는 것을 보지 못한다.

♦ 현재와 미래가 모두 행복한 행복주의자

한번은 내 강의를 듣는 하버드대 학생이 유명한 컨설팅 회사에서 취업 제의를 받고 상담하러 왔다. 그는 그 회사에서 일하고 싶지 않지만 거절하기가 힘들다고 했다. 다른 여러 회사에서 제의를 받았고 그중에는 마음에 드는 직장도 있지만 그 회사만큼 안정된 직장은 없다고 했다. 그러면서 그는 언제쯤이면 미래를 걱정하지 않고 행복하게 살 수 있는지 물었다.

나는 그의 질문에 함축된 행복의 접근 방식을 받아들일 수 없었다. 그래서 그에게 "지금 행복해질 것인가, 아니면 미래에 행복해질 것인가?"라고 묻지 말고 "어떻게 하면 지금과 미래 모두 행복해질 수 있는가?"라고 물어야 한다고 조언했다.

현재의 이익과 미래의 이익은 서로 충돌하기도 해서 어떤 상황에서는 둘 중 하나를 포기해야 할 때도 있지만, 대부분 모두 얻을 수 있다.

예를 들어 배움을 진정으로 사랑하는 학생은 새로운 아이디어를 발견하는 즐거움에서 현재의 이익을 얻고 그러한 아이디어를 일에 활용하면서 미래의 이익을 얻을 수 있다. 연인 관계의 두 사람이라면 둘이서 함께하는 시간을 즐기면서 서로 성장하고 발전하도록 도울 수 있다. 앞에서 예로 들었던 학생이라면 자신이 사랑하는 일, 즉 사업이든 의학이든 예술이든 그 과정을 즐기면서 동시에 성공을 향해 갈 수 있다.

하지만 우리가 언제나 행복하기만을 기대한다면 실패하거나 실망할 수밖에 없다. 우리가 하는 일마다 현재와 미래의 이익을 가져다주는 것은 아니기 때문이다. 때로는 더 큰 미래의 이익을 위해 현재의 이익을 보류해야 하고 하기 싫은 일도 어쩔 수 없이 해야 한다.

미래를 위해 공부하거나 저축하고 오랜 시간 일하는 것은 당장은 즐겁지 않아도 미래의 행복을 위해 도움이 될 수 있다. 더 큰 미래의 이익을 위해 현재의 이익을 일부 포기할지라도 현재와 미래에 모두 도움이 되는 활동에 최대한 많은 시간을 투자해야 한다.

이따금 쾌락주의자로 사는 것도 나름대로 이익이 있다. 예를 들어 마약 복용처럼 부정적인 결과를 가져오는 일이 아니라면 미래를 생각하지 않고 현재에 집중하는 시간은 기운을 되찾아준다. 가끔 해변에 누워서 햄버거에 아이스크림을 먹거나, 텔레비전을 보며 휴식을 취하는 것처럼 아무 생각 없이 즐기는 시간이 우리를 좀 더 행복하게 해준다.

> 생각해보기

잠깐이든 오래든 현재의 이익과 미래의 이익을 동시에 얻을 수 있었던 시기를 돌아보자.

♦ 행복은 정상을 오르는 과정이다

성취주의자는 어떤 미래의 목적지에 도착하면 그때부터 영원히 행복해질 것이라는 착각에 빠진다. 그에게 여행은 중요하지 않다. 반면 쾌락주의자는 오로지 여행이 중요하다고 생각한다. 목적지와 여행 모두를 포기한 허무주의자는 삶에 환멸을 느낀다.

성취주의자는 미래의 노예로 살고, 쾌락주의자는 순간의 노예로 살고, 허무주의자는 과거의 노예로 산다.

오래오래 행복하려면 원하는 목적지를 향해 가는 여행을 즐길 수 있어야 한다. 행복은 정상에 도달하는 것도 아니고 산 주위를 목적 없이 배회하는 것도 아니다. 행복이란 정상을 향해 올라가는 과정이다.

행복 공식

✅ 행복 일기 쓰기

일기를 쓰면서 긍정적인 경험뿐 아니라 부정적인 경험을 '털어놓고 이야기하는 것'은 몸과 마음을 건강하게 한다는 연구 결과가 있다.[1]

나흘 동안 적어도 15분씩 각각의 사분면에 속하는 경험을 글로 써본다. 먼저 성취주의자, 쾌락주의자, 허무주의자로 살았던 시기에 관해 쓰고 마지막 날에는 행복하게 살았던 시기에 관해 쓴다. 천천히 그리고 자세히 써도 괜찮지만 하루에 하나의 경험만 써보는 것도 좋다. 문법이나 철자는 신경 쓰지 않아도 된다. 그 당시나 지금 느끼는 감정, 당시에 어떤 생각과 행동을 했는지 또는 글을

쓰는 지금 어떤 생각이 들고 어떤 감정을 느끼는지 표현하는 것이 중요하다.[2]

다음 질문에 답해보자.

성취주의자: 지금까지 살아오면서 미래를 위해 다람쥐 쳇바퀴 돌듯 살았던 경험을 써본다. 그때 왜 그런 생활을 했는가? 그런 삶을 통해 어떤 이익을 얻었는가? 아니면 어떤 대가를 치렀는가?

쾌락주의자: 쾌락주의자로 살았거나 쾌락에 빠졌던 경험을 써본다. 그런 삶에서 어떤 이익을 얻었는가? 아니면 어떤 대가를 치렀는가?

허무주의자: 잠깐이나 오랫동안 공허함을 느꼈거나 자포자기했거나 혹은 무기력했던 경험을 써본다. 그런 일을 겪었을 당시나 글을 쓰는 지금, 마음 깊은 곳에 있는 감정과 생각을 적는다.

행복주의자: 지금까지 살면서 매우 행복했던 때나 특별히 행복했던 일을 써본다. 그때로 돌아가는 상상을 하면서 당시에 느꼈던 감정을 글로 옮긴다.

이 연습을 하는 동안에는 자기 자신에게 솔직해지는 것이 무엇보다 중요하다. 마음을 열수록 더 많은 도움을 받을 수 있다.

허무주의에 해당하는 사분면과 행복한 삶에 해당하는 사분면은 적어도 두 번 이상 반복해보자. 반복할 때는 같은 경험을 써도 되고 다른 경험을 써도 된다. 3개월에 한 번, 1년에 한 번, 2년에 한 번씩 주기적으로 연습을 해본다.

✅ 행복을 부르는 명상

꾸준한 명상은 스트레스를 해소하고 마음의 평안을 가져오는 데 심오한 효과가 있다.

먼저 조용한 장소를 찾아간다. 의자에 앉거나 바닥에 가부좌하고 앉는다. 등과 목을 똑바로 펴고 편안한 자세를 취한다. 눈은 감아도 되고 떠도 된다.

코나 입으로 심호흡을 한다. 숨을 들이쉴 때마다 배를 한껏 부풀리고 나서 천천히 코나 입으로 숨을 내쉬면서 평온한 상태를 유지한다.

마음으로 몸의 구석구석을 탐지한다. 어느 특별한 부위의 긴장을 풀려면 그곳으로 숨을 불어넣어서 편안하게 한다. 적어도 5분 동안, 길게는 20분 동안 심호흡에 집중한다. 집중이 안 되고 주의가 산만하면 다시 편안하게 호흡을 가다듬는다.

심호흡을 계속하면서 긍정적인 감정에 초점을 맞춘다. 사랑하는 사람과 함께 보낸 시간이나 어떤 일에 성공했을 때처럼 특별히 행복했던 순간을 떠올린다. 30초에서 5분까지 행복한 감정을 되살려서 다시 느껴본다. 이 연습을 꾸준히 하면 언젠가는 어떤 특별한 장면을 떠올리지 않아도 긍정적인 감정이 되살아난다. 행복, 평온함, 기쁨이라는 단어를 생각하기만 해도 긍정적인 감정을 느끼는 능력이 생길 것이다.

명상은 규칙적으로 하는 게 좋다. 매일 시간을 정해 10분~1시간 명상해보자. 꾸준히 하다 보면 시작한 지 1~2분 만에 집중할 수 있다.

스트레스를 받거나 화가 나거나 아니면 단순히 평화나 기쁨을 느끼고 싶을 때는 심호흡을 몇 번 한 다음 긍정적인 감정을 되살린다. 조용한 장소에서 하는 것이 가장 좋지만 전철 안이나 택시 뒷좌석 또는 책상 앞에 앉아서도 할 수 있다.

3장

행복은
성공을 동반한다

아이들은 지칠 줄 모르는 호기심을 갖고 있다. 아이들은 경이로움으로 가득한 주변 세상을 바라보다가 어떤 현상에 궁금증이 생기면 질문하기 시작한다. "비는 왜 오나요?" "물은 어떻게 하늘로 올라가나요?" "물은 어떻게 수증기가 되나요?" "구름은 왜 하늘에서 떨어지지 않나요?"

답을 듣고 못 듣고는 별로 상관없다. 그들의 끊임없는 호기심은 "왜"라는 질문으로 무한히 회귀한다. 어떤 답을 듣든지 간에 또 다른 질문으로 이어지는 것이다.

하지만 이 질문만큼은 질문 공세를 끝낼 수 있다. 그것은 "왜 우리는 행복해지기를 원하는가?"다.

누군가 뭔가를 원할 때 계속해서 "왜"라고 묻는 것으로 그 가치를 질문할 수 있다. 예를 들어 "당신은 왜 그렇게 열심히 훈련하는가?" "당신은 왜 우승하고 싶은가?" "당신은 왜 부유해지거나 유명해지고 싶은가?" "당신은 왜 근사한 자동차와 승진, 1년 동안의 휴가를 원하는가?"라고 계속해서 묻는 것이다.

하지만 "당신은 왜 행복해지기를 원하는가?"라는 질문의 답은 단순하고 분명하다. 우리가 행복해지기를 원하는 이유는 인간의 본성이 원래 그렇기 때문이다. 어떤 질문에 "왜냐하면 그것이 나를 행복하게 해줄 테니까"라고 답한다면 그 타당성과 궁극성은 의심할 여지가 없다. 행복은 가장 높은 곳에 있는 목표이며 다른 모든 목적이 지향하는 목적이기 때문이다.

영국의 철학자 데이비드 흄은 이렇게 말했다.

"사람이 하는 모든 노력의 궁극적인 목적은 행복의 달성이다. 행복을 위해 기술을 발명하고, 학문을 육성하고, 법을 만들고, 사회를 형성한다."

부, 명예, 존경과 같은 다른 목표들은 모두 행복을 위한 것이다. 우리가 욕망하는 것이 물질이든 명예든 모두 행복이라는 목표를 달성하기 위한 수단에 불과하다.

> **생각해보기**
>
> 당신이 원하는 것, 예를 들어 더 큰 집이나 승진에 관해 "왜"라는 질문을 계속해보자. 행복이라는 답에 도달하려면 얼마나 여러 번 "왜"라는 질문을 해야 하는가?

행복이 최종 목적이어야 한다는 주장에 설득력이 없다고 생각한다면, 행복은 인생 전반에서 더 높은 수준의 성공으로 가는 수단이 된다고 주장하는 많은 연구 결과를 참조할 수 있다.

심리학자인 소냐 류보머스키와 로라 킹, 에드 디너는 행복 연구에 관한 논평에서 이렇게 말했다.

"행복한 사람들은 결혼생활, 우정, 수입, 성적, 건강을 포함하는 다양한 영역에서 성공한 삶을 산다는 것이 많은 연구를 통해 나타

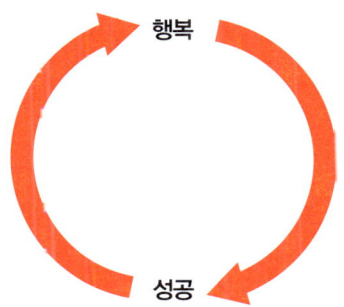

났다."

따라서 사랑이나 일에서 행복과 성공은 상호보완의 관계임을 알 수 있다.

다른 조건이 모두 같다고 가정했을 때 행복한 사람들은 대인관계가 더 원만하고, 일에서도 더 성공하고, 더 건강하며, 더 오래 산다. 따라서 행복은 그 자체로나 다른 목적을 위한 수단으로나 추구할 만한 가치가 충분하다.

♦ 행복=즐거움+삶의 의미

아이들은 하나의 호기심을 채우자마자 또 다른 질문을 꺼낼 것이다. '왜'에서 '무엇'과 '어떻게'로 방향을 바꿔서 "행복은 무엇인가?" 그리고 "어떻게 하면 행복해질 수 있는가?"라고 물을 것이다. 이러한 질문은 더 상세한 설명을 요구한다.

나는 행복을 '즐거움과 의미의 포괄적인 경험'이라고 정의한다.[1] 행복한 사람은 긍정적인 감정과 삶의 의미를 함께 느낀다. 이 정의는 한순간이 아닌 모든 경험이 합쳐진 느낌을 의미한다. 우리는 가끔 감정의 고통을 겪기도 하지만 전반적으로 행복하게 살아간다.

행복한 삶의 전형을 참고해서 이 정의에 관해 생각해보자. 즐거움은 지금 여기서 느끼는 긍정적인 감정과 현재의 이익과 관련 있으며, 의미는 목적의식과 미래의 이익과 관련 있다.

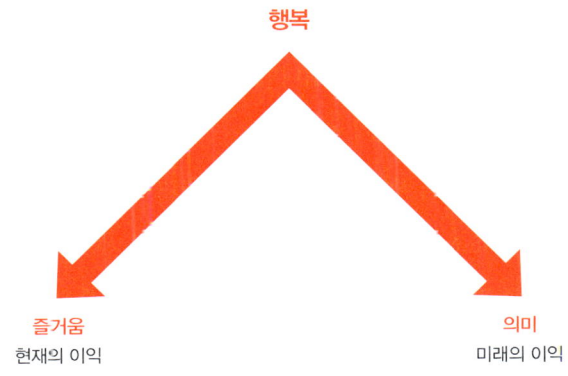

◆ 현재를 이끄는 감정, 즐거움

감정은 행복을 포함해 우리가 추구하는 모든 것에서 중추적인 역할을 한다. 감정이 없는 삶은 상상하기 어렵다. 육체와 인지 능력은 인간과 같은 특성을 가졌지만 감정을 느끼지 못하는 로봇을 생각해보자. 그 로봇은 인간처럼 생각하고 행동한다. 심오한 철학 문제를 토론할 수 있고 복잡한 논리를 따라갈 수 있다. 도랑을 팔 수 있고 마천루를 건설할 수 있다.

하지만 그 로봇은 아무런 의욕을 느끼지 못한다. 우리의 기본 욕망은 감정에 의존하는데 로봇은 감정이 없기 때문이다. 식욕이나 포만감도 느끼지 못한다. 따라서 인간과 같은 신체 조건이라면 음식을 먹지 않아서 얼마 못 가 죽을 것이다.

그러면 그 로봇이 꾸준히 먹고 마시도록 프로그래밍 돼 있다고 가정하자. 그래서 계속해서 산다고 해도 행동에 필요한 동기나 의욕은 없을 것이다. 사회적 지위나 부를 얻고 사랑에 빠지는 것은 로봇에게 아무 의미가 없기 때문이다.

감정Emotion은 움직임Motion을 유발한다. 감정은 행동을 추진하는 동기Motive를 제공한다. 감정, 움직임, 동기의 영어 단어는 서로 밀접하게 연관돼 있다는 사실을 말해준다. 라틴어로 Movere(Motion)는 'To move'를 뜻하고, 접두사 'E'는 'Away'를 뜻한다. Motivation의 'Motive'는 '움직임의 원인'이라는 뜻을 가진 'Motivum'이 어원이다. 따라서 감정은 우리를 의욕이 없는 상태에서 벗어나 움직이게 하는 동기를 제공한다.

신경과 의사 안토니오 다마시오는 감정과 동기의 관계에 관한 실례를 보여줬다. 다마시오의 환자인 엘리엇은 뇌종양 수술을 받고 나서 인지 능력, 즉 기억력과 인식 능력, 언어 능력은 그대로 유지됐지만 감정을 느끼는 능력과 관련된 전두엽 일부가 손상됐다. 엘리엇의 상태는 감정이 없는 로봇과 유사했다. 육체와 인지 능력은 건강한 사람과 큰 차이가 없었지만, '느낌이나 감정과 관련된' 체계가 손상을 입은 것이다.

그 뒤 엘리엇의 삶은 크게 달라졌다. 수술 전에는 유능한 변호사로 행복한 결혼생활을 했지만 수술 후에는 그의 '이성적인 뇌'가 손상을 입지 않았는데도 주변 사람들을 힘들게 했다. 그는 아내와 헤어졌으며 직장을 잃었고 아주 오랫동안 다른 일을 할 수 없었다. 무엇보다 가장 놀라운 것은 그 자신의 냉담한 반응이었다. 그는 이제 인간관계나 자신의 경력에 아무런 관심이 없었다.

만일 우리에게 감정이 없어서 동기가 생기지 않는다면 아무것도 하고 싶지 않을 것이다. 자신의 행동과 사고에 무관심해지고 어떤 결과를 가져올지 염려하지도 않을 것이다. 감정은 동기를 유발하므로 행복을 추구하는 동기에서 중요한 역할을 한다.

하지만 단순히 감정을 느끼는 것으로는 충분하지 않다. 행복해지기 위해서는 긍정적인 감정을 느껴야 한다. 즐거움은 충만한 삶을 위한 전제조건이다. 심리학자 나다니엘 브랜든은 "인간에게 즐거움은 사치가 아니라 절실한 심리 욕구다"라고 말했다. 즐거움이 전혀 없고 끊임없이 감정의 고통에 시달린다면 행복한 삶을 살 수 없다.

내가 말하는 즐거움은 끊임없는 도취나 황홀경을 뜻하는 것이 아니다. 누구나 기분이 좋을 때가 있고 나쁠 때가 있다. 세상일이 마음대로 되지 않거나 사랑하는 사람과 헤어져 슬픔에 빠져도 전반적으로 행복하게 살 수 있다. 끊임없는 도취로 인한 기대감은 실망이나 불만과 같은 부정적인 감정으로 이어질 수밖에 없다. 행복의 조건은 황홀경이나 긍정적인 감정이 계속 이어지는 것이 아니다.[2]

행복한 사람은 희로애락을 모두 경험하지만 대체로 분노와 죄의식과 같은 부정적인 감정보다는 기쁨과 애정 같은 긍정적인 감정에 따라 움직인다. 그에게 즐거움은 일상이고 고통은 예외다. 행복하기 위해서는 때로 슬픔이나 시련, 고난을 만나더라도 여전히 살아 있는 기쁨을 느껴야 한다.

> **생각해보기**
>
> 무엇이 당신에게 즐거움을 주는지, 사소한 것부터 중요한 것까지 생각해보자.

하지만 만족스러운 삶을 사는 것으로 정말 충분한가? 긍정적인 감정은 행복을 위한 충분조건인가? 그렇다면 자기도취에 빠진 정신병자는 행복한가? 마약을 하고 황홀경에 빠지거나 해변에서 빈둥거리면서 시간을 보내는 사람은 행복한가? 아니다. 긍정적인 감정을 경험하는 것은 행복을 위해 필요하기는 하지만 충분조건은 아니다.

♦ 의미가 있어야 한다

철학자인 로버트 노직은 《아나키에서 유토피아로》에서 마약중독자의 황홀한 경험과 진정한 행복의 경험 차이를 구별하는 사고 실험을 보여줬다. 그는 "위대한 시를 쓰거나, 세계 평화를 위해 일하거나, 누군가를 사랑하고 사랑받는 경험"과 같이 우리가 원하는 경험을 제공하는 기계가 있다고 상상해보라고 한다. 그 기계에 연결되면, 예를 들어 실제로 사랑에 빠졌을 때 느끼는 것과 같은 감정을 느낄 수 있다.

지금 우리가 그 기계에 플러그로 연결돼 있다고 가정해보자. 실제로 사랑하는 사람과 시간을 보내고 있다고 믿는 것이다. 노직은 우리에게 이런 질문을 던진다.

"평생 그 기계에 플러그를 꽂고 행복하게 살기를 원하는가?"

대부분이 분명 아니라고 대답할 것이다. 단지 어떤 감정을 느끼려고 기계에 영원히 연결돼 살기를 원하지는 않을 것이다. '오직 느끼는 것이 중요하다'라고 생각하는 사람은 별로 없다. 우리는 경험에서 즐거움을 구할 뿐만 아니라 현실적인 경험을 원한다. 그렇다면 행복에는 긍정적인 감정 이상의 뭔가가 있다.

기계나 마약을 통해 어떤 감정을 느끼는 것은 거짓된 삶을 사는 것과 같다. 기계를 통해 세계 평화를 이뤘다고 느끼는 강력한 감정과 실제로 어떤 사람을 도와주고 느끼는 덜 강력한 감정 중 하나를 고르라고 하면 대부분 후자를 택할 것이다.

우리는 현재 느끼는 감정 이상의 것을 원한다. 즉, 어떤 감정을 느끼게 하는 원인에 의미를 둔다. 우리가 하는 행동이 세상에 어떤 영향을 미친다고 느끼고 싶은 것이 아니라 실제로 영향을 주기를 바란다.

감정에 관한 한, 사람은 동물과 크게 다르지 않다. 침팬지와 같은 일부 고등동물은 사람과 거의 유사한 감정 뇌를 갖고 있다. 그다지 놀라운 일도 아니다. 감정이나 육감이 없으면 욕망도 없을 것이고, 따라서 살아 있는 유기체가 생존하지 못하기 때문이다. 감정이 없는 동물은 감정이 없는 로봇처럼 스스로 움직이려고 하지 않을 것이다.

우리가 감정을 느끼는 능력은 다른 동물과 비슷하지만 차이가 있다. 그 차이 중 하나가 우리는 어떤 감정의 원인을 생각할 수 있다는 점이다. 사람에게는 자신의 감정, 생각, 행동을 숙고하는 능력이 있다.

우리는 또한 영성 능력을 갖추고 있다. 옥스퍼드 영어사전에는 영성을 '어떤 의미에 대한 현실적인 인식'이라고 정의한다. 동물은 영적인 삶을 살 수 없다. 그래서 자기 행동에 그것이 가져오는 즐거움이나 고통 이상의 의미를 부여하지 못한다.

의미 있는 삶에 관해 이야기할 때 우리는 목적의식을 이야기하지만 때로는 이러한 목적의식을 발견하는 것이 단지 목표를 정하는 것 이상의 의미가 있다는 생각은 하지 못한다. 목표를 정하거나 달성한다고 해서 반드시 목적 있는 삶을 사는 것은 아니다. 목적의식을 느끼려면 우리가 정한 목표가 의미 있어야 한다.

우리는 대학에서 우등생이 되거나 큰 집에서 살겠다거나 하는 목표를 정해도 여전히 공허함을 느낀다. 의미 있는 삶을 살기 위해서는 사회의 기준과 기대에 따르기보다 자기 자신에게 의미가 있는 목적을 가져야 한다. 이러한 목적의식을 느낄 때 우리는 소명을 발견한 것처럼 느낀다. 조지 버나드 쇼는 이렇게 말한 바 있다.

"스스로 중요하게 여기는 어떤 목적을 위해 움직이는 것이야말로 진정한 삶의 기쁨이다."

사람마다 의미를 느끼는 일이 다르다. 창업하거나, 노숙자 쉼터에서 봉사하거나, 아이들을 키우거나, 의료계에 종사하거나, 가구를 만들거나, 그 밖의 어떤 일에서든 소명을 발견할 수 있다. 중요한 점은 다른 사람들의 기대에 맞추는 것이 아니라 우리 자신의 가치와 정열에 부합하는 목적을 선택해야 한다는 것이다. 스스로 선택한 일에서 의미와 즐거움을 느끼는 투자은행가는 어쩌다가 실수로 수도승이 된 사람보다 더 영적이고 충만한 삶을 살 수 있다.

♦ 충실한 이상주의자와 꿈꾸는 현실주의자

언젠가 나는 한 친구에게 평생의 소명이 무엇이냐고 물었다. 그는 삶의 소명이나 숭고한 목적을 생각하지 않는다고 답했다. 그리고 이렇게 덧붙였다.

"나는 이상주의자가 아니라 현실주의자야."

사람들은 현실주의자를 땅에 발을 단단히 딛으면서 매일 열심히 생활하는 실용주의자라고 생각한다. 한편 이상주의자는 저 멀리 수평선을 향해 시선을 두고 소명과 목적을 생각하면서 시간을 보내는 몽상가라고 여긴다.

그러나 그런 식으로 현실주의와 이상주의를 반대편에 놓으면,

이상과 꿈을 갖는 것을 마치 비현실적이고 초연한 삶을 사는 것처럼 여기는 잘못된 사고에 빠지게 된다.

　나는 이상주의자로 사는 것은 현실주의자로 사는 것이며, 인간의 진정한 본성에 충실하게 사는 것이라고 생각한다. 우리는 너무 획일화된 삶을 살기 때문에 실제로 삶의 의미를 가질 필요가 있다. 더 높은 목적과 소명, 이상이 없다면 행복해질 수 있는 잠재력을 충분히 발휘할 수 없다.

　나는 행동하는 것보다 꿈꾸는 것을 옹호하지는 않지만(둘 다 중요하다) 많은 현실주의자, 특히 성취주의자가 모르는 중요한 진실이 있다. 바로 이상주의자로 사는 것이 곧 현실주의자로 사는 것이라는 사실이다.

　이상주의자로 사는 것은 평생의 목적의식을 갖고 사는 것이다. 하지만 행복해지려면 큰 그림으로서 삶의 의미를 경험하는 것으로는 충분하지 않다. 매일의 생활에서 구체적인 의미를 발견해야 한다. 예를 들어 행복한 가정을 꾸리거나 억압받는 사람을 도와주는 것처럼 전반적인 목적 외에도 자녀와 함께 점심을 먹거나 시위 행렬에 참여하는 것처럼 일상적이고 구체적인 목적 또한 필요하다.

　저 멀리에 있는 궁극적인 목적의식을 갖는 것만으로는 우리 자신을 지탱하기 어렵다. 다음 주, 내일, 오늘 의미 있는 뭔가를 할 것이라는 구체적이고 분명한 목적의식이 있어야 한다.

> 생각해보기

> 당신에게 의미를 가져다주는 것을 생각해보자. 무엇이 당신의 삶에 목적의식을 주는가? 당신은 어떤 활동에서 의미를 느끼는가?

프랑스의 르네상스 철학자 미셸 드 몽테뉴는 "위대하고 영광스러운 인간의 걸작은 목적을 갖고 사는 것이다"라고 말했다. 우리에게 방향감각을 제공하는 목표는 각각의 활동에 의미를 부여한다. 그리고 흩어진 조각들과 같았던 삶은 하나의 걸작을 완성하는 과정이 된다.

교향곡의 주제가 개별 음들을 하나로 연결하는 것처럼 인생의 목적은 각각의 활동을 하나로 연결한다. 각각의 음은 그 자체만으로는 의미가 없지만 공통 주제, 공통 목적의 일부가 될 때 의미가 있고 아름다운 음악이 된다.

♦ 내 안에 잠든 거인 깨우기

의미 있는 삶을 생각할 때는 우리가 가진 능력을 최대한 발휘하는 방법을 고려해야 한다. 소는 초원에서 풀을 뜯어 먹으며 평생을 보내는 것으로 만족할지 모르지만 우리는 육체적 욕구를 충족하는 것만으로는 행복해질 수 없다.

인간의 타고난 잠재력은 우리에게 더 많은 일을 하고 주어진 능력을 최대한 활용하기를 요구한다. 철학자 버트런드 러셀은 이렇게 말했다.

"진정으로 만족스러운 행복은 우리 능력을 최대한 발휘해서 우리가 사는 세상을 충분히 구현함으로써 가능해진다."

그렇다고 해서 나라에서 가장 영향력 있는 인물이 될 수 있는 능력을 갖춘 여성이 대통령이나 총리가 돼야만 행복해진다거나, 재계에서 성공할 수 있는 능력을 갖춘 사람이 백만장자가 돼야만 행복해지는 것은 아니다.

대통령이 되거나 백만장자가 되는 것은 잠재력의 외적 표현이다. 그러나 지금 내가 말하는 것은 내적 잠재력이다.

대통령이 될 능력을 갖춘 사람도 고대 산스크리트를 연구하는 학자가 돼서 행복하게 살 수 있다. 백만장자가 될 능력이 있는 사람이라도 신문기자가 돼서 하루하루 충만한 삶을 살아갈 수 있다. 하는 일에 열정을 느끼고 자신의 능력을 훌륭하게 사용하는 일을 한다고 느끼면 누구나 행복해질 수 있다.[3]

> **생각해보기**
>
> 당신이 열정을 느끼고 잠재력을 충분히 발휘할 수 있는 일은 무엇인가? 우리가 가진 능력을 최대한 활용하는 방법을 생각해보자.

♦ 행복은 성공을 동반한다

어떤 사람들은 돈이나 지위가 아닌 의미와 즐거움을 추구하면 현실에서 성공하지 못할까 걱정한다. 예를 들어 학교 성적과 명문대 입학이 동기가 되지 못하면 학생들이 공부를 게을리하지 않을까 걱정하고, 승진과 월급 인상이 동기가 되지 못하면 직장인들이 일을 게을리하지 않을까 걱정하는 것이다.

나도 행복한 삶을 살아야겠다고 생각했을 때 그런 걱정을 했다. 지금까지 '고통이 없으면 얻는 것도 없다'라는 공식으로 많은 성공을 손에 쥐었는데, 그 공식을 포기한다면 다음 목표에 흥미를 잃고 의지가 약해질까 봐 두려웠다. 하지만 실제로 반대 상황이 일어났다.

성취주의자에서 방향을 돌려 행복한 삶을 향해 간다고 해서 일을 덜 하거나 열정이 사라지는 것은 아니다. 오히려 현재와 미래에 이익이 되는 활동을 하면서 더 열심히 살게 된다. 마찬가지로 쾌락주의자에서 행복주의자로 방향을 바꾼다고 해서 즐거움을 포기해야 하는 것은 아니다. 오히려 쾌락주의자의 즐거움은 오래 가지 못하지만 행복주의자가 느끼는 즐거움은 계속된다.

행복주의자는 '고통이 없으면 얻는 것도 없다'라는 공식을 부정하지 않는다. 다만 여행을 즐기고 자신이 믿는 목적에 전념함으로써 더 나은 결과를 얻는다.

♦ 삶의 의미와 즐거움의 시너지 효과

행복하려면 즐거움만으로 충분하지 않은 것처럼 목적의식만으로 부족하다. 그 이유는 첫째, 어떤 목적이 지닌 의미와 관계없이 현재 만족을 느끼지 못하면 오래 버티기 어려워서다. 낙관적 전망만으로 움직이는 것은 오래가지 못한다. 둘째, 성취주의자들처럼 당장의 만족을 보류할 수 있다고 해도 행복해질 수는 없기 때문이다.

빅터 프랭클은 《죽음의 수용소에서》라는 책에서 홀로코스트 희생자들은 가혹한 삶 속에서도 삶의 의미를 찾을 수 있었다고 이야기했다. 그들은 강제수용소에서 이루 말할 수 없는 육체적 고통과 정서적 고통을 겪어야 했지만, 열악한 환경에서도 의미와 목적의식을 발견했다. 그들의 목적은 사랑하는 가족과 다시 만나거나 언젠가 자신이 겪은 일을 글로 쓰는 것이었다.

하지만 그들이 수용소에서 행복했다고 말할 수는 없다. 행복은 삶의 의미만으로는 충분하지 않다. 의미와 함께 긍정적인 감정을 느낄 수 있어야 한다. 현재와 미래의 이익이 함께해야 한다.

나의 행복 이론은 빅터 프랭클뿐 아니라 프로이트의 책에도 바탕을 둔 것이다. 프로이트의 '쾌락 원칙'은 사람이 즐거움을 추구하는 본능에 따라 움직인다는 것을 전제로 한다. 반면 프랭클은 쾌감을 추구하는 의지가 아니라 의미를 추구하는 의지에 따라 움직인다고 주장한다. 프랭클에 따르면 삶에서 의미를 찾으려는 노력은 인간의 가장 우선적 동기다.

행복을 찾는 문제에서 프로이트와 프랭클의 이론은 각각 일리가 있다. 만족스럽고 행복한 삶을 살기 위해서는 즐거움을 추구하는 욕구와 의미를 추구하는 욕구 둘 다 충족돼야 한다.[4]

우리는 종종 행복에 지나치게 집착한다는 이야기를 듣는다. 미봉책과 손쉬운 삶의 비결을 제시하는 자기계발서가 날개 돋친 듯 팔리고, 환자가 불안해 보이면 무조건 약부터 처방하는 정신과 의사들이 판을 치는 요즘, 그런 비판을 들을 만도 하다. 하지만 실제로 그러한 미봉책이 주는 것은 행복이 아니라 즐거움에 지나지 않는다.

미봉책은 장기 이익을 고려하지 않으며 의미를 좇는 우리의 욕구를 무시한다. 진정한 행복을 위해서는 어느 정도 불편함과 어려움을 감수해야 하지만 일부 자기계발서와 정신과 치료는 그런 것을 피해가려고 한다. 행복은 우리가 방해를 극복해야 한다는 것을 전제로 한다. 프랭클은 이렇게 주장한다.

"인간에게 실제로 필요한 것은 긴장이 없는 상태가 아니라 자신에게 가치가 있는 목표를 위해 노력하고 투쟁하는 것이다. 인간에게 필요한 것은 어떻게든 긴장에서 벗어나는 것이 아니라 그 자신이 실현할 수 있는 잠재적 의미다."

정신의학이 발달하면서 점점 더 많은 사람이 약에 의존한다. 물론 정신과 약을 처방할 때는 그럴 만한 이유가 있어서 그렇겠지만, 너무 쉽게 약을 처방하는 풍조는 위험하다. 그통과 함께 의미

또한 사라질 수 있기 때문이다.

우리는 힘든 시간을 겪을수록 즐거움이 더 커진다는 것을 기억해야 한다. 즐거움을 당연한 것으로 여기지 않고 삶이 주는 크고 작은 즐거움에 감사할 줄 알아야 한다. 감사하는 마음 자체가 진정한 의미와 즐거움의 원천이 될 수 있다.

즐거움과 의미, 현재의 이익과 미래의 이익이 만나면 동반 상승효과가 있다. 일에서 목적의식을 발견하면 즐거움이 더 커지고, 어떤 활동에서 즐거움을 얻으면 더욱 의미 있게 느껴진다.[5]

> **생각해보기**
>
> 당신이 지금까지 겪었던 어렵거나 고통스러웠던 일을 돌아보라. 그 경험에서 무엇을 배웠는가? 어떤 모습으로 성장했는가?

♦ 머릿속과 마음속에 귀 기울이기

우리는 다양한 활동을 즐기고 의미를 느낀다. 예를 들어 글쓰기는 내게 현재와 미래에 이익을 가져다주지만 하루 3시간 이상 글을 계속 쓰는 것은 지겹다. 일주일에 영화 두 편을 보는 것은 행복하지만 하루에 4시간씩 화면 앞에 앉아 있는 것은 힘들다. 이처럼 어떤 활동이 즐거움과 의미를 준다고 해도 종일 그 일을 한다면 우리는 행복할 수 없다.

햄버거 모델에 이어 이번에는 라자냐 원칙을 소개하겠다. 여러 가지 활동을 즐기는 능력에는 한계가 있고 또한 사람마다 다르다는 이야기를 하려는 것이다. 나는 라자냐를 무척 좋아해서 부모님 댁에 방문할 때마다 어머니가 해준 라자냐 한 접시를 뚝딱 해치우곤 한다. 하지만 매일 라자냐만 먹고 싶은 것은 아니다.

글쓰기과 영화 관람처럼 내가 좋아하는 활동이나 대인관계에도 같은 원칙이 적용된다. 우리 가족이 내 삶에서 가장 중요하다고 해서 종일 그들과 함께 보내는 것이 나를 행복하게 하지는 않는다. 그들과 종일 함께 있는 것을 원하지 않는다고 해서 내가 그들을 덜 사랑하는 것은 아니다. 나는 가족, 친구와 함께 지내면서 많은 즐거움과 의미를 찾지만 혼자 있는 시간 또한 필요로 한다.

우리 자신에게 적절한 활동이 무엇인지 알고 각각의 활동에 적당한 시간을 보낸다견 삶의 질을 한껏 높일 수 있다.

행복의 수준을 높이는 최선은 시행착오를 거치면서 내면의 느낌에 주목하는 것이다. 하지만 대다수가 너무 바빠서 이 문제를 생각할 겨를이 없다.

소로는 "인생은 서둘러 살기에는 너무 짧다"라고 했다. 만일 우리가 항상 앞으로 나가려고 한다면, 행복한 삶을 창조하는 공간을 허락하지 못하고 매일 쫓기듯이 살 수밖에 없다.

에이브러햄 매슬로는 "매 순간 용기를 내서 자신에게 귀를 기울이지 않는 한 현명한 삶을 선택할 수 없다"라고 말했다. 현명한 선택을 내리기 위해서는 자기 자신에게 이렇게 물어야 한다. 지금 하는 일이 나에게 의미가 있는가? 그 일을 하면서 즐거운가? 내 마음은 다른 일을 해야 한다고 말하고 있는 게 아닌가? 내 가슴은 내 삶을 바꿔야 한다고 말하고 있지 않은가? 우리 가슴과 마음에, 감정과 생각에 귀를 기울여보자.

행복 공식

✅ 인생 도표 그리기

우리 내면의 상태를 측정하기는 어렵다. 하지만 삶을 행복과 관련해서 평가하고 삶의 질을 높이는 방법을 통찰하는 것은 가능하다. 우선 매일 하는 활동을 기록해서 얼마나 즐겁고 의미가 있는지 평가하는 것으로 시작할 수 있다.

잠자리에 들기 전에 몇 분 동안 하루를 어떻게 보냈는지 일기에 쓰고 반성해보자. 예를 들어 미래에 도움이 되지만 당장 즐겁지 않은 활동을 하거나 의미도 즐거움도 느끼지 못하는 활동에 얼마나 많은 시간을 보내고 있는지 알아보자. 그러면 행복의 렌즈로 삶을 평가해 더 의미 있고 즐거운 경험을 추가할 수 있다.

행복한 삶으로 가는 길을 안내하는 기본 원칙은 있지만 그와 관련된 처방, 예를 들어 의미와 즐거움을 발견하는 처방은 없다. 사람은 복잡하고 다면적이며 특이한 존재이기 때문이다. 우리가 매일 하는 활동을 자세히 들여다보면 삶을 지배하는 기본 원칙 외에도 각자의 삶이 특별히 요구하고 필요로 하는 것이 무엇인지 알 수 있다.

1~2주 동안 매일 하는 일을 기록해보자. 잠자리에 들기 전에 하루를 어떻게 보냈는지 적어보는 것이다. 30분 동안 이메일을 보낸 일부터 2시간 동안 텔레비전을 시청한 일까지. 그렇다고 해서 몇 분까지 정확하게 적을 필요는 없다. 하루를 대강 어떻게 보내는지 살펴보면 된다.

주말에 당신이 어떤 활동을 했고 각각의 활동에 얼마나 많은 시간을 보냈고 얼마나 많은 의미와 즐거움을 얻었는지 도표를 만들어본다. 이때 각각의 활동에 1에서 5까지 점수를 매겨서 아무런 의미나 즐거움을 느끼지 못한 경우에는 1, 아주 많은 의미와 즐거움을 느낀 경우에는 5를 준다. 그리고 각각의 활동 시간을 얼마나 늘리거나 줄이고 싶은지를 표시한다.

만약 어떤 활동에 좀 더 많은 시간을 보내고 싶다면 옆에 '+'라고 표시한다. 아주 많은 시간을 보내고 싶다면 '++'라고 표시한다. 반대로 활동 시간을 줄이고 싶다면 '-', 활동 시간을 최소로 줄이고 싶다면 '--'라고 표시한다. 어떤 활동을 하는 시간에 만족하거나 어떤 이유로 지금 당장 활동 시간을 바꿀 수 없다면 '='이라고 표시한다.

예를 들면 다음의 도표와 같다.

활동	의미	즐거움	시간/주
가족과 함께 보내는 시간	5	4	2.2시간 ++
회의 시간	4	2	11시간 =
텔레비전 시청	2	3	8.5시간 −

✔ 점검하기

당신에게 가장 큰 의미와 즐거움을 주고 당신을 가장 행복하게 하는 일을 꼽아보자. 그 목록에는 예를 들어 가족, 운동, 세계 인권 신장, 음악 등이 포함될 수 있다.

목록의 각 항목 옆에 일주일이나 한 달 동안 얼마나 많은 시간을 그 일에 보내고 있는지 적는다. 위의 도표를 보면서 당신이 가장 중요하게 생각하는 가치를 얼마나 실천하고 있는지 생각해보자. 가족과 의미 있는 시간을 보내고 있는가? 일주일에 세 번 운동하고 있는가? 인권단체에서 활동하고 있는가? 음악을 감상하고 연주회에 가기도 하는가?

이 연습은 우리 삶을 돌아보면서 자신이 중요하게 생각하는 가치와 생활방식이 서로 일치하는 삶(성실성)을 살고 있는지 판단해보기 위한 것이다.

성실하게 생활할수록 행복해질 수 있다.[6] 우리는 종종 스스로 중요하다고 말하는 것과 실제로 행동하는 것의 차이를 느끼지 못한다. 그러므로 이 연습을 할 때는 당신을 잘 알고 스스로 돌아볼 수 있도록 도와줄 수 있는 사람과 함께하는 것이 좋다.[7]

자신이 중요하게 생각하는 가치를 위해 얼마나 많은 시간을 보낼 것인지 선택하는 것은 개인의 취향과 시간 여유에 달려 있다. 가족이 최고의 가치라고 해서 모든 시간을 가족과 함께 보내야 하는 것은 아니다(라자냐 원칙). 가족을 부양하려고 '투잡'을 하는 사람은 비록 아이들과 함께 보내는 시간은 적지만 자신이 생각하는 최고의 가치와 일치하는 삶을 사는 셈이다.

하지만 우리는 종종 습관이나 두려움 또는 다른 사람들의 기대 때문에 행복한 삶과 멀어진다.

시간은 제한적이기 때문에 우선순위가 낮은 활동을 포기해야 할 때도 있다. 더 소중한 기회를 위해 다른 기회는 포기해야 한다.

오랜 습관을 바꾸는 것은 하루아침에 되지 않으므로 이 연습을 자주 해보는 것이 좋다. 가장 중요한 점은 규칙적으로 해야 한다는 것이다. 원하는 활동을 규칙으로 만드는 것은 물론 나쁜 습관에서 벗어나는 시간도 규칙으로 만든다.

예를 들어 매일 특정한 시간에는 인터넷을 하지 않기로 정한다. 우리는 점점 더 많은 시간을 컴퓨터 앞에서 보낸다. 만약 우리가 몇 분마다 이메일을 확인해야 한다면 생산성과 창의성이 떨어지고 결국 행복에서도 멀어질 것이다.[8] 또한 어떤 과제에 열중하거나 친구들과 시간을 보내는 것처럼 오롯이 집중할 수 있는 시간을 가질 필요도 있다.

4장

우리가 평생
추구해야 하는 가치

　　　　　마바 콜린스는 범죄와 마약이 들끓고 희망이 사라진 시카고의 도심 지역에서 교사로 일했다. 그 지역의 많은 교육자가 빈곤의 대물림과 절망에서 학생들이 탈출할 수 있을 거라고 전혀 기대하지 않았다.

　1975년 콜린스는 이웃에 사는 아이들을 위해 웨스트사이드 예비학교를 세웠다. 모두 태도가 불량하거나 이런저런 이유로 학교 교육을 받을 수 없어서 퇴학당한 아이들이었다. 웨스트사이드는 그들이 거리로 나가기 전에 교육을 받을 수 있는 마지막 기회의 장소였다.

한때 '교육 불가' 판정을 받았던 바로 그 아이들이 웨스트사이드에서 4학년이 되자 셰익스피어와 에머슨, 에우리피데스를 읽었다. 한때 구제불능으로 낙인찍혔던 아이들이 대학에 들어갔다. 누구나 잠재력이 있다는 콜린스의 비전을 학생들은 자신의 것으로 만들었다. 그들은 자신감을 키우고 희망찬 미래를 꿈꾸었으며 그것을 실현했다.

콜린스는 아주 적은 돈으로 학교를 설립했는데 처음에는 자신의 집을 교실로 이용했다. 그 후 20년 동안 재정의 어려움을 겪고 때로는 폐교 위기에 처했다. 지금은 몇 개 주에 걸쳐 마바 콜린스의 학교가 있다. 세계 각지의 교육자들이 시카고에 찾아와 콜린스의 교육법을 배우고 영감을 얻어간다.

콜린스의 경험은 행복을 궁극적인 목적으로 인식한다는 것이 어떤 의미인지 이해하게 한다. 그녀는 이렇게 말했다.

"수십억 달러의 기업을 운영하고 엄청난 부를 축적한 사람들이 저에게 왜 교사 일을 하는지 묻곤 합니다."

그럴 때 그녀는 자신이 가르친 학생 이야기로 답을 대신했다.

"자폐아인 티파니는 말을 하지 않았고, 전문가들에게 사랑을 줄 수도, 가르칠 수도 없는 아이라는 판정을 받았죠. 그런 티파니를 끝없는 인내와 기도와 사랑과 의지로 보살피던 어느 날, 티파니는 처음으로 말을 했어요. "사랑해요. 콜린스 부인"이라고 말이죠. 발음은 정확하지 않았지만 티파니의 말에 나는 눈물을 흘렸고 세상에서 가장 큰 부자가 된 것 같았어요. 지금 티파니는 숫자를 쓰고, 말을 하고, 단어를 읽을 수 있어요. 그 아이의 빛나는 눈은 '나는 특별해요. 나도 배울 수 있어요'라고 말하고 있어요. 그것은 내게 이 세상에 있는 모든 금덩이를 얻는 것보다 더 가치 있는 일입니다."

웨스트사이드 예비학교에서 삶의 변화를 맞이한 또 다른 학생에 관해서도 콜린스는 이렇게 이야기했다.

"그 아이의 빛나는 눈이 세상을 밝게 비추는 것을 보게 될 때까지 과연 학교를 운영할 수 있을까 고민하며 숱한 밤을 뜬눈으로 지새운 보람이 있었다."

마바 콜린스는 큰돈을 벌 수도 있었다. 학교 폐쇄와 적자를 걱정하지 않고 살 수도 있었다. 1980년대에 레이건과 부시 행정부에서 제안한 교육부 장관직에 취임해 모든 영광과 명예를 누릴 수도 있었다. 그러나 무엇보다 가르치는 일을 사랑하는 그녀는 교실에서 가장 중요한 변화를 만들 수 있다고 믿었다.

교육은 그녀에게 그 어디에서도 얻을 수 없는 의미를 줬으며, 아무리 많은 돈을 주고도 살 수 없는 정서적 만족을 줬다. 그녀는 스스로 '세상에서 가장 큰 부자'라고 여기며 이 세상 금덩이를 모두 합친 것보다 더 큰 가치를 교육에서 찾았다. 궁극적인 가치는 돈이나 지위가 아닌 행복이기 때문이다.

> 생각해보기

이 세상 금덩이를 모두 준다고 해도 결코 바꿀 수 없는 것은 무엇인가? 그것은 당신에게 어떤 의미가 있는가?

♦ 인생에서 꼭 필요한 것

우리는 사업의 가치를 평가할 때 돈으로 환산한다. 그 사업의 자산과 부채, 수익과 손실의 가치를 계산한다. 돈으로 환산할 수 없는 사업은 그 가치를 높이거나 낮출 수 없다. 사업의 가치를 측정할 때는 돈이 궁극적인 가치이기 때문이다.

사람도 사업과 마찬가지로 이익을 보기도 하고 손실을 보기도 한다. 하지만 사람에게 중요한 가치는 돈, 지위, 권력과 같은 외부 수단이 아니라 바로 행복이다. 돈과 지위는 행복보다 하위에 있으며 내재하는 가치가 없다. 돈과 지위가 바람직할 수 있는 유일한 이유는 그것을 갖고 있거나 갖겠다는 생각이 긍정적인 감정이나 의미로 이어질 수 있어서다.

돈과 지위는 그 자체만으로는 가치가 없다. 만일 지위와 재산이 어떤 식으로든 행복에 기여하지 않는다면 우리는 그것을 추구할 이유가 없을 것이다. 사업에서 상품 가치가 돈으로 평가된다는 점에서 상품보다 돈이 우위에 있는 것과 같이, 우리 삶에서 행복은 부와 지위보다 우위에 있다.

행복을 궁극적인 가치로 이해하면 어떤 일의 결과가 크게 달라진다. 극단적인 예를 들어 보겠다. 만약 100만 달러와 친구와의 대화 중 하나를 선택해야 한다면 우리는 삶에 더 큰 행복을 가져다주는 것을 고를 것이다. 친구와의 대화가 100만 달러보다 더 큰 만족과 의미를 준다면 친구와의 대화를 선택해야 한다. 궁극적인 가치를 기준으로 판단하면 친구와의 대화에서 더 큰 효용을 얻을 것이다.

친구와의 대화를 돈과 비교하는 것은 연필과 사과를 비교하는 것처럼 터무니없어 보일 수 있다. 하지만 행복의 가치로 환산하면, 즉 우리를 얼마나 행복하게 해주는가로 평가하면 돈과 친구와의 대화처럼 전혀 상관없어 보이는 것들을 비교할 수 있다.

사실 100만 달러와 친구와의 대화 중 하나를 고르는 것은 그리 간단하지 않다. 단지 친구와의 대화가 즐겁다는 이유로 100만 달러를 포기할 수는 없는 노릇이다. 돈은 미래의 안정을 가져다주므로 부정적인 감정을 예방해준다. 게다가 100만 달러는 우리에게 의미 있는 일을 할 기회와 자유를 줄 수도 있다.

그러나 모든 것을 고려한 뒤에도 친구와의 대화가 100만 달러보다 즐거움과 의미를 준다고 생각한다면 더 큰 가치가 있다고 주장할 수 있다.

정신분석학자인 칼 융은 이렇게 말했다.

"아무리 작은 일이라도 의미가 있다면 의미 없는 큰일보다 더 가치가 있다."

다음 에피소드를 생각해보자. 금성에서 온 외계인이 어느 가게에 들어가 1,000달러짜리 물건을 샀다. 그리고 가게 주인에게 1,000달러와 지구 돈으로 환산하면 100만 달러의 가치가 있는 금성 돈 중에 고르라고 한다. 가게 주인은 자신이 금성에 갈 일은 없으며 금성의 돈은 지구에서 아무런 가치가 없다는 것을 안다. 따라서 그 돈을 기념으로 보관할 생각이 아니라면 그는 분명 1,000달러의 지구 돈을 고를 것이다.

금성의 돈은 지구에서 인정하는 통화로 환산될 때 비로소 가치가 있다. 아무리 100만 달러라는 큰돈이라 해도 가치로 환산할 수 있어야만 쓸모가 있다.

행복 역시 마찬가지다. 행복은 우리가 추구하는 가장 최종의 가치다. 따라서 행복은 우리의 행동을 결정하는 기준이며 다른 모든 목적이 지향하는 목적이 돼야 한다.

♦ 행복의 가치는 셀 수 없다

기본적인 의식주를 위해 필요한 수준을 넘어서면 돈은 더는 목적이 될 수 없으며 목적을 위한 수단에 지나지 않는다. 그러나 우리는 수단을 목적과 혼동하고 돈(수단)을 위해 행복(목적)을 희생할 때가 있다.

우리 사회에서는 종종 부가 목적의 자리로 격상하기도 한다. 물론 부의 축적과 생산 자체가 나쁘다고 말하는 것은 아니다. 물질적 풍요는 개인뿐 아니라 사회에 도움이 되고 행복 수준을 높여줄 수 있다.

경제적 안정은 무료한 일이지만 다음 달 생계비 걱정에서 벗어나게 해준다. 그렇다고 해도 중요한 것은 돈 자체가 아니다. 돈은 다만 긍정적인 경험을 할 수 있는 여유를 줄 뿐이다. 돈이 반드시 삶의 의미나 마음의 여유를 가져다주는 것은 아니다.

부와 행복의 관계에 관한 연구를 보면 현실은 우리가 생각하는 것과 다르다. 심리학자인 데이비드 마이어스는 장기간에 걸쳐 실시한 광범위한 연구에서 "극도의 빈곤으로 기본적인 의식주가 충족되지 않는 경우를 제외하고는 부와 행복 사이에는 거의 상관관계를 찾을 수 없다"라고 주장했다.

게다가 지난 50년 동안 많은 나라의 국민이 더 부유해졌지만 행복 수준은 나아지지 않았다.

노벨 경제학상 수상자인 대니얼 카너먼은 몇 년 전부터 행복 연구로 관심을 돌렸는데, 카너먼과 그의 동료들은 부와 행복의 상관관계를 보여주는 근거를 찾지 못했다.

우리 사회에는 소득이 높아지면 더 행복해질 것이라는 인식이 퍼져 있지만, 이는 대부분 환상에 지나지 않는다. 소득 수준이 평균 이상인 사람들은 자신의 삶에 꽤 만족하지만 그렇다고 해서 매 순간 다른 사람들보다 더 행복한 것은 아니다.

그들은 스트레스를 많이 받으며, 좋아하는 활동에 더 많은 시간을 할애하지도 못한다. 사람들이 자신의 삶이나 다른 사람의 삶을 평가할 때 업적에 초점을 맞추므로 소득이 행복에 기여하는 효과가 두드러져 보일 뿐, 소득이 삶의 만족에 미치는 효과는 아주 잠시뿐이다.

놀랍게도 어떤 사람들은 그토록 원하던 부를 얻고 나서 오히려 우울함을 느낀다. 성취주의자는 자신의 행동이 미래에 도움이 될 거라는 희망으로 하루하루를 견디며 살아간다. 그러한 희망이 부정적인 감정을 참을 수 있게 한다. 하지만 일단 목적지에 도착해서 돈이 자신을 행복하게 해주지 못한다는 것을 알면 더는 버틸 힘이 없어진다. 그 무엇도 미래의 자신을 행복하게 해주지 못한다고 생각하는 순간 좌절과 실망에 빠진다.

크게 성공한 사람들이 절망감에 휘말려 알코올과 마약에 의지하는 예는 얼마든지 있다. 성공이 오히려 그들을 불행하게 만든 것이다.

꿈을 좇으면서 힘이 들 때마다 일단 그곳에 도착하면 행복해진다는 믿음 하나로 버텼다. 그러나 마침내 그곳에 도착했을 때 그들이 기대했던 '그곳'은 어디에도 없었다. 그들은 부와 지위가 영원한 행복을 가져다준다는 환상이 깨지자 허무감에 사로잡힌다. 모든 노력과 희생이 궁극적인 가치를 가져다주지 않는다는 것을 깨닫고 학습된 무기력에 빠져든다. 허무주의자가 되고 그 무엇도 자신을 행복하게 해줄 수 없다는 사실에 자포자기하고 때로는 불행한 상태에서 벗어나려고 파괴적인 대안에 의지한다.

부가 행복으로 이어지지 않는다면 우리는 왜 그것에 그토록 집착하는 것일까? 왜 삶의 의미를 찾는 일보다 부자가 되는 일에 매달리는 걸까? 우리는 어쩌다가 정서적 기준보다 물질적 기준에 따라 결정을 내리는 것을 당연히 여기게 됐을까?

진화론의 관점에서 본다면 이것은 우리의 먼 과거에서 비롯됐다. 원시시대에 인간이 수렵 채취를 하면서 살았을 때는 부(식량)의 축적으로 오랜 가뭄이나 혹한을 견디고 살아남았다. 그러면서 축적이 우리 본성의 일부가 됐다.

지금 우리는 물질적으로 풍족한 세계에 살고 있지만 여전히 더 많이 축적하려고 전전긍긍한다. 부의 축적은 이제 생존을 위한 수단이 아니라 목적이 됐다. 우리는 살기 위해 축적하는 것이 아니라 축적하기 위해 살고 있다.

우리가 어떤 결정이나 판단을 내릴 때 감정보다 물질에 초점을 맞추는 이유는 측정 가능한 것들이 평가하기 쉽기 때문이다. 그래서 측정할 수 없는 감정이나 의미보다 측정할 수 있는 부나 지위에 가치를 둔다.

물질적 세계에서는 부자를 숭배한다. 마치 재산이 사람의 가치를 측정하는 수단인 것처럼 물질의 소유로 사람을 평가한다. 대학에서는 교수들이 논문을 발표한 숫자를 승진의 중요한 기준으로 삼는다. 하루나 일주일의 가치는 우리가 얼마나 생산적으로 일했는지, 얼마나 많은 것을 이뤄냈는지에 따라 측정된다.

하지만 로렌스 G. 볼트는《선과 생존의 기술Zen and the Art of Making a Living》에서 이렇게 이야기했다.

"사회는 우리에게 셀 수 있는 것들이 중요하다고 가르친다. 그러나 주택의 가격은 셀 수 있지만 가정의 행복은 셀 수 없다. 셰익스피어의《햄릿》은 서점에서 10달러를 주고 살 수 있지만 그 작품이 우리에게 주는 의미는 측정할 수 없다."

생각해보기

> 부와 지위에 집착하지는 않는지 스스로 돌아보자. 혹시 그러한 집착이 당신을 행복한 삶에서 멀어지게 하지 않는가? 물질의 소유로 사람들을 평가하지는 않는가?

♦ 물질 만능이 부른 파산

우리가 부를 축적하는 동안 정말 중요한 가치는 파산 지경에 이르렀다. 사업이 파산할 수 있는 것처럼 사람도 그럴 수 있다.

사업이 건재하려면 수익을 내야 한다. 즉, 수입이 지출보다 많아야 한다. 우리 삶에서 긍정적인 경험을 수입으로, 부정적인 경험을 지출로 생각하면 이해하기 쉽다. 긍정적인 경험이 부정적인 경험보다 많으면 정서적으로 풍요로운 상태라고 할 수 있다. 그러나 부정적인 경험(손실)이 긍정적인 경험(수입)을 압도하는 불황이 계속되면 정서적으로 파산하게 된다.

만일 개인의 파산 비율이 계속 증가하면 사회 전체가 파산할 수 있는 것과 마찬가지로, 개인의 불안과 우울 정도가 계속 늘어나면 사회는 정서적 파산을 향해 치닫게 된다. 우리는 과학과 기술, 즉 물질적인 면에서 발전을 이뤘지만, 정서적인 면에서는 오히려 더 후퇴했다.

게다가 불행히도 상황이 나아지는 징후는 보이지 않는다. 미국 10대 아이들의 약 3분의 1이 우울증에 시달린다. 미국, 유럽, 호주, 아시아에서 시행한 조사 결과에 따르면 요즘 아이들이 이전 세대보다 훨씬 더 심각한 불안과 우울증을 겪는다고 한다. 이러한 추세는 인종과 사회경제적 노선을 가리지 않고 전 세계로 점점 더 확대되고 있다.

대니얼 골먼은 《감성지능》이라는 책에서 "20세기 이후 지금 세대는 전 세계적으로 그들의 부모 세대보다 심각한 우울증(단순한 슬픔이 아니라 무기력함, 낙담, 자기 연민, 압도적 절망)에 시달릴 위험이 더 커졌다"라고 지적했다.

여기서 골먼이 지적한 것은 사회 전반에 걸쳐 정서적 파산이 증가한다는 사실이다. 골먼이 말하는 '압도적 절망', 즉 허무주의는 개인적으로나 전 세계적으로 이러한 메마른 정서 상태를 극복할 수 없다는 의식에서 비롯된다. 골먼에 따르면 20세기의 특징이었던 '불안의 시대'는 이제 '우울의 시대'로 발전하고 있다.

빅터 프랭클도 《죽음의 수용소에서》에서 "실존적 공허는 20세기에 만연한 현상"이라고 주장했다. 아울러 우럽 학생의 25퍼센트와 미국 학생의 60퍼센트가 '내면의 공허' 또는 '실존적 공허'를 느끼는 사실에 안타까워했다.

오늘날의 상황은 1950년 프랭클이 책을 썼을 당시보다 훨씬 안 좋아졌으며, 미국 대학에 입학하는 학생들을 조사한 결과를 보면 그 이유를 어느 정도 짐작할 수 있다.

1968년 대학 신입생들에게 인생의 목표가 무엇인지 물었더니 41퍼센트는 돈을 많이 버는 것이라고 대답했고, 83퍼센트는 삶의 철학을 발전시키는 것이라고 대답했다. 그런데 그 후 1997년에 조사한 결과에서는 신입생의 75퍼센트가 부자가 되는 것이 인생의 목표라고 대답했고, 41퍼센트가 삶의 철학을 발전시키고 싶다고 대답했다(복수 응답).

이처럼 점점 더 많은 사람이 부를 삶의 목적 자체로 인식한다. 그 결과 점점 더 많은 개인이 불행해지면서 사회 전체가 정서적 파산을 향해 치닫고 있다.

정서적 파산은 마약과 알코올 남용, 광신과 같은 불온한 사회 문제를 일으킨다. 불행하다고 느끼는 사람이 무의미한 현실에서 잠깐이나마 탈출할 기회를 주는 마약에 빠지거나 영원한 행복을 약속하는 사이비 교주에게 쉽게 넘어가는 이유를 짐작할 수 있다.

행복은 이러한 개인적이고 사회적인 병폐를 모두 해결하고 난 뒤에야 추구할 수 있는 사치스러운 그 무엇이 아니다. 우리가 추구하는 가치 수준이 올라가면 삶의 질은 높아지고 세상은 더 훌륭하고 안전한 장소가 될 수 있다.

행복 공식

✅ 문장 완성하기

문장 완성법은 '자긍심 운동의 아버지'라고 불리는 심리치료사 나다니엘 브랜든이 고안한 기법이다.[1] 불완전한 문장을 완성하는 이 단순한 기법으로 많은 사람이 인생에서 중요한 변화로 이어지는 깨달음을 얻었다.

50년 가까이 개인과 조직을 상담해온 브랜든은 문장 완성법의 효과에 관해 이렇게 말했다.

"몇 년씩 소파에만 누워서 보내던 사람들이 문장을 완성하면서 단지 몇 분 만에 놀라운 통찰력을 얻는다."

이 연습에는 몇 가지 기본 규칙이 있다. 도입부를 읽고 신속하게 문장을 완성하는데, 적어도 6가지 이상 완성해야 한다. 이때 글로 쓰거나 녹음기에 대고 말로 해도 된다. 여기서는 맞거나 틀린 답이 없으며 서로 모순되는 답도 나올 수 있다. 따라서 이성적으로 따지지 말고 생각나는 대로 답을 적어보자.

규칙에 따라 문장을 완성하고 나면 다시 읽어보고 중요한 뭔가를 깨달았는지 생각해본다. 중요한 통찰을 얻기까지 몇 번이고 반복해야 할지도 모른다.

만약 뭔가 깨달은 점이 있다면 그 생각을 행동으로 옮긴다. 문장 완성하기의 효과는 우리가 정한 규칙뿐 아니라 무규칙에도 도움이 되는데, 자신이 깨달은 바를 행동으로 옮긴다면 가장 큰 도움이 될 것이다.

다음 보기는 하나의 도입부를 가지고 7가지 문장을 완성해본 것이다.

- 만약 내 삶에 관해 5퍼센트 더 깨닫는다면…

① 너무 자주 "예"라고 말하는 것 때문에 어떤 대가를 치를 수 있는지 알게 될 것이다.
② 더는 힘든 상황을 피하지 않겠다.
③ 가족에게 좀 더 감사할 것이다.
④ 삶에 좀 더 감사할 것이다.

⑤ 상황이 더 어려워질 수 있다.
⑥ 가족과 좀 더 많은 시간을 보내겠다.
⑦ 직원들에게 좀 더 친절하게 대하겠다.

다음의 문장 도입부들은 브랜든이 만든 문장 완성법을 그대로 옮기거나 의역한 것이다.

- 만약 내 삶에 관해 5퍼센트 더 깨닫는다면…
- 나를 행복하게 해주는 것은…
- 5퍼센트 더 행복하게 살기 위해서는…
- 만약 내가 원하는 것을 이루기 위해 좀 더 노력한다면…
- 만약 내가 5퍼센트 더 성실한 생활을 한다면…
- 만약 내가 원할 때 "예"라고 말하고, 원하지 않을 때 "아니오"라고 말한다면…
- 만약 이제부터 행복해지겠다고 마음먹는다면…
- 내가 ~를(을) 알았다면…

이 문장들을 완성해보자. 2주 동안 매일 하거나 6개월 동안 일주일에 한 번씩 할 수도 있다. 한꺼번에 할 수도 있고 아니면 한두 문장씩 할 수도 있다. 어떤 문장이 특히 좋다고 생각하면 되풀이해서 완성해보라.

✅ 행복 도표 그리기

3장의 행복 공식에서 만든 인생 도표를 떠올려보자. 이를 바탕으로 일주일을 어떻게 보내고 싶은지 생각해보자. 우리가 원하는 삶을 그림이나 표로 만들면 그것이 현실이 될 가능성은 훨씬 커진다.

만약 당신이 가족과 좀 더 많은 시간을 보내길 원한다면, 이를테면 일주일에 8시간씩 보내고 싶다면 그렇게 적는다. 텔레비전 시청 시간을 줄이고 싶다면 하고 싶은 다른 일들을 고려해 적당하다고 생각하는 시간을 적는다. 너무 욕심을 부리지는 말자. 예를 들어 마음 같아서는 매주 20시간씩 소설을 읽고 운동 경기를 시청하고 싶겠지만 다른 의무들을 고려한다면 그렇게 할 수는 없다.

어떤 활동이 당신의 행복에 가장 도움이 될지 생각해보자. 일주일에 한 번 영화관에 가는 것이 당신의 행복에 도움을 주는가? 일주일에 4시간씩 취미생활을 하고 일주일에 세 번 외출하는 것이 당신을 더 행복하게 하는가?

만약 형편 때문에 현재의 생활방식을 바꿀 수 없다면 지금 가진 것을 최대한 활용하라. 어떤 활동이 미래와 현재에 도움이 될지 생각해보라.

출근하는 데 1시간씩 걸리지만 당장 여건을 바꿀 수 없는 형편이라면 그 시간에 의미와 즐거움을 얻을 수 있는 활동을 찾아보

자. 예를 들어 차를 운전하면서 오디오북이나 좋아하는 음악을 들을 수 있다. 전철을 탄다면 책을 읽을 수도 있다. 다시 말하지만, 원하는 변화를 규칙적으로 실천하는 것이 중요하다.

3장에서 설명한 인생 도표 그리기와 행복 도표 그리기를 1년에 한 번씩 꾸준히 반복해서 연습하라. 지난 한 해 동안 진전이 있었는지, 우선순위가 어떻게 바뀌었는지, 어떤 부분에서 더욱 분발해야 하는지 확인하고 인생 도표를 새로 만들어본다.

5장

목표를 달성하는 것보다
더 중요한 것

16세 때 나는 행복한 삶이 무엇인지 진지하게 생각하기 시작했다. 그러면서 진정으로 행복해지려면 욕심과 갈망에서 자유롭고 목표와 목적이 없는 무욕의 상태에 도달해야 한다고 믿었다. 대회에서 우승하는 것과 같은 내가 갈망하던 모든 목표가 궁극적인 가치에 한해서는 내가 투자한 만큼 돌려주지 않았기 때문이다. 그 목표는 오히려 나를 더 불행하고 정서적으로 황폐하게 했다.

내 문제가 목표(욕망과 바람과 갈망)를 정하거나 혹은 정하지 않는 것과는 아무런 상관이 없다는 사실을 깨닫기까지 몇 년이 걸렸다. 문제는 내가 어떤 목표를 정하고 그 목표가 나의 삶에서 어떤 역할을 하느냐에 있었다.

지금 나는 행복한 삶을 위해서는 목표를 가져야 하며, 즐거움과 의미를 동시에 줄 수 있는 목표를 추구해야 한다고 믿는다. 하지만 목표 설정과 행복의 관계를 알아보기 전에 목표 설정과 성공의 관계를 먼저 살펴보기로 하겠다.

목표를 정해서 추구하는 사람은 그렇지 않은 사람보다 성공할 가능성이 크다. 도전적이고 구체적인 목표를 갖고 있으면, 즉 분명한 시간표와 수행 기준이 있다면 더 나은 성과로 이어지게 마련이다.[1] 목표 설정은 말로 약속하는 것인데, 말에는 더 나은 미래를 창조하는 힘이 있다.

목표와 성공의 상관관계에 관해 심리학에서는 우리의 언어가 전달하는 것, 종교의 교리가 말하는 것, 많은 사람이 경험해온 것을 확인시켜준다. 개념Concept과 구상Conceive의 어원이 같은 것은 우연이 아니다. 개념과 말을 통해 우리는 새로운 현실을 구상하고 창조한다. 예를 들어 구약성서를 보면 하느님은 "빛이 있으라 하시니, 빛이 있었다"라는 말로 세상을 창조했다. 요한복음도 "태초에 말씀이 있었다"로 시작한다.

목표 설정은 방해물을 극복할 수 있다는 믿음을 전달한다. 우리 삶을 여행이라고 상상해보자. 배낭을 메고 목적지를 향해 한참을 걷는데 갑자기 벽에 부딪힌다. 어떻게 할 것인가? 방해물을 피해 돌아설 것인가? 아니면 벽 위로 배낭을 넘기고 돌아서 가든지 넘어서 가는 방법을 찾을 것인가?

1879년 토머스 에디슨은 전등을 발명해 12월 31일에 사람들에게 보여주겠다고 선언했다. 그전까지 그의 실험은 실패의 연속이었다. 그러나 그는 벽 위로 배낭을 던져 넘겼고 그해 마지막 날에 결국 전등을 밝힐 수 있었다.

1962년 존 F. 케네디는 1960년대가 끝나기 전에 달에 사람을 보내겠다고 전 세계를 향해 선언했다. 당시 미국에는 우주선에 필요한 재료나 기술이 없었다. 그러나 케네디는 배낭을 벽 위로 던져 넘겼고 결국 그의 말대로 됐다. 말로 약속하면 목적지에 도달할 가능성을 키울 수 있다.

스코틀랜드의 산악인 윌리엄 H. 머리는 《스코틀랜드인의 히말라야 원정기 The Scottish Himalayan Expedition》에서 벽 위로 배낭을 던져 넘기는 효과에 관해 이렇게 이야기했다.

"시작하기 전까지는 언제든지 후퇴할 가능성이 있으며 망설이면서 우물쭈물하게 된다. 모든 시작과 창조 행위에는 하나의 기본 진리가 있다. 이 진리를 모르면 무수한 아이디어와 눈부신 계획이 빛을 보지 못하고 물거품이 될 수 있다. 그것은 우리가 분명하게 선언하는 순간 신의 섭리 또한 움직인다는 사실이다. 그 약속의 실현에 도움을 주려고 생각지도 못했던 일들이 일어난다. 모든 사건이 유리하게 전개되고 뜻밖의 사람들을 만나고 지원을 받게 된다. 나는 괴테의 시에 깊은 존경심을 표한다. '뭔가를 할 수 있거나 할 수 있다고 꿈꾼다면 그것을 시작하라! 용기 안에는 비범함, 기적, 힘이 있다.'"

목표를 정하고 분명하게 밝히면 목적지에 도착하는 방법을 발견한다. 그 목표는 컴퓨터를 사는 것처럼 단순할 수도 있고 에베레스트를 오르는 것처럼 어려울 수도 있다. 믿음은 심리학자들이 말하듯이 자기달성적 예언이다. 어떤 약속을 하고 벽 너머로 배낭을 던져 올리면 꿈을 성취하는 능력을 증명할 수 있다.[2] 현실에 대처하기보다 현실을 스스로 창조할 수 있다.

> **생각해보기**
>
> 당신이 어떤 목표를 위해 전념했던 때를 돌이켜보자. 그 결과는 어떠했는가? 당신이 지금 전념하는 일은 무엇인가?

♦ 목표 달성이 우리를 행복하게 해줄까?

목표 설정과 성공의 상관관계를 분명하게 보여주는 사례는 많지만, 목표와 행복의 상관관계는 그보다 덜 직접적이다. 우리는 흔히 행복이 목표 달성과 관련 있다고 생각한다. 하지만 수십 년에 걸친 연구는 그러한 믿음에 의문을 갖게 한다. 목표에 달성하면 기쁨을 느끼고 실패하면 실망하지만 그러한 감정은 오래가지 못한다.

심리학자인 필립 브릭먼과 그의 동료들은 복권에 당첨된 사람들의 행복 수준을 조사했는데, 복권 당첨자들은 한 달도 안 돼 원래의 행복 수준으로 돌아갔다. 마찬가지로 사고로 반신불수가 된 사람들도 대부분 1년이면 사고당하기 이전의 행복 수준을 회복했다.

심리학자 대니얼 길버트는 더 나아가 대부분이 미래의 감정 상태를 예견하지 못한다고 주장했다. 우리는 새집을 사거나 승진하거나 어떤 업적을 이루면 더 행복해진다고 생각하지만 사실 그런 행복은 잠시뿐이다. 부정적인 경험도 마찬가지다. 연인과 헤어지거나 직장을 잃거나 지지하는 정치가가 낙선했을 때 느끼는 감정의 고통은 오래가지 않는다. 얼마 안 가 그 경험 이전의 감정 수준으로 돌아간다.

목표 달성이 행복에 기여한다는 우리의 굳건한 믿음에 도전하는 이러한 연구에는 좋은 소식과 나쁜 소식이 있다. 좋은 소식은 실패를 두려워하지 말고 과감하게 목표를 추구해도 된다는 것이다. 나쁜 소식은 목표를 달성해도 우리의 행복 수준에는 큰 영향을 주지 못한다는 것이다.

그렇다면 목표를 추구할 필요가 없는 것 같다. 우리 삶은 〈사랑의 블랙홀〉에 나오는 빌 머레이나 산 위로 돌을 올리는 시시포스의 일상처럼 끊임없이 처음 출발한 그 지점으로 돌아올 뿐이니까 말이다.

그렇다면 목표 달성이 우리를 행복하게 하준다는 환상을 믿거나 아니면 아무리 애를 써도 더 행복해질 수 없다는 가혹한 현실을 인정해야 하는 걸까?

다행히 그렇지는 않다. 또 다른 가능성이 있지만 우선 목표와 과정의 관계를 올바로 이해해야 한다. 이 관계를 이해하면 목표가 우리를 더 높은 행복 수준으로 데려갈 것이다.

♦ 목표 설정은 현재를 즐겁게 만든다

로버트 M. 퍼시그는 《선을 찾는 늑대》에서 고승들과 히말라야 등정을 함께했던 일화를 소개했다. 퍼시그는 원정대에서 가장 젊은 사람이었는데도 혼자만 어려움을 겪었다. 그는 등정을 포기하고 말았지만, 고승들은 힘들이지 않고 정상까지 올라갔다.

정상에 도달하겠다는 목표에 초점을 맞춘 퍼시그는 앞으로 가야 할 길이 막막해서 등반 자체를 즐길 수 없었고 결국 계속 올라가겠다는 의욕과 의지를 잃었다. 반면 고승들에게 정상에 도달하는 것은 중요하지 않았기에 계속 올라갈 수 있었다. 그들은 자신이 적절한 방향으로 가고 있다는 것을 알았으므로 여정을 걱정하지 않고 히말라야를 오르는 현재에 초점을 맞춰 즐길 수 있었다.

목표를 설정하고 행동하면 현재를 자유롭게 즐길 수 있다. 만약 우리가 목적지를 정하지 않고 도로여행을 시작한다면 여행 자체가 별로 재미없을 것이다. 어디로 가고 있는지, 어디로 가고 싶은

지 모른다면 갈림길에서 주저하게 된다. 길가에 핀 꽃이나 경치를 감상하고 즐기면서 가기보다 끊임없이 망설이고 걱정한다.

'이 길로 가면 어떻게 될까?' '여기서 돌아가면 어디로 가게 될까?' 그래서 어디로 가고 싶은지 모를 때는 어느 쪽으로도 가지 않는 것이 차라리 훌륭한 선택인 것처럼 느껴진다. 반면 우리가 어디로 가야 하는지 안다면 지금 있는 곳에서 최선을 다할 수 있다.

내가 강조하고 싶은 것은 목표를 달성하는 것과 마찬가지로 목표를 설정하는 것이 중요하다는 사실이다. 심리학자 데이비드 왓슨은 〈긍정적인 정서Positive Affectivity〉라는 논문에서 여행의 가치를 강조했다.

"현대의 연구자들은 행복과 긍정적인 정서를 위해 중요한 건 목표 달성보다 목표를 추구하는 과정이라는 점을 강조한다."

어떤 목표를 정하는 일차적 목적은 현재의 즐거움을 추구하는 것이다. 목표는 단지 목적이 아니라 수단이기도 하다. 지속적인 행복을 위해서는 목표의 기대를 조정해야 한다. 목표를 목적(목표 달성이 우리를 행복하게 해줄 것이라고 기대하는)이 아닌 수단(목표 설정이 여행의 즐거움을 높여줄 수 있다는)으로 인식해야 한다. 목표 달성이 잠깐 반짝하는 즐거움을 주는 데 비해 목표 설정은 지금 하는 일을 즐길 수 있도록 해 간접적으로 모든 단계에서 행복 수준을 높여준다. 목표는 우리가 현재에 충실할 수 있게 해준다.

목표를 갖는 것은 지속적인 행복을 위해 필요하지만, 단지 어떤 목표를 설정하는 것만으로는 충분하지 않다. 그 목표는 의미가 있어야 하며, 목표를 향한 여행은 그 자체가 즐겁고 우리를 행복하게 해줄 수 있어야 한다.

생각해보기

지금까지 어떤 목표들이 의미가 있을 뿐 아니라 즐거운 여행을 할 수 있도록 해주며 당신에게 가장 큰 행복을 줬는가? 미래에는 어떤 목표들이 그러한 행복을 줄 수 있겠는가?

우리에게 의미와 즐거움을 제공하는 목표는 행복에도 크게 기여할까? 예를 들어 돈을 버는 것이 의미 있고 지위를 얻는 것이 즐거움을 준다면? 무엇보다 물질을 향한 소유욕과 사랑받고 싶은 욕구는 인간의 본성이고, 정도는 다르지만 대부분 중요하다. 그렇다면 과연 돈과 지위가 행복에 없어서는 안 되는 부분일까?

케넌 셸던과 그의 동료들은 목표와 행복에 관한 연구를 통해 다음과 같은 결론을 내렸다.

"더 행복해지고 싶은 사람이라면 돈과 미모와 인기와 관련된 목표보다는 (1) 성장과 연결과 기여와 관련된 목표, 누군가가 강요하거나 어쩔 수 없이 달성해야 하는 목표보다는 (2) 스스로 흥미를 느끼고 개인적으로 중요하게 생각하는 목표에 초점을 맞춰야 한다."

많은 사람이 스스로 원하든 아니면 다른 사람의 강요에 밀려 어쩔 수 없이 그렇게 됐든 간에 돈과 미모, 인기를 추구한다. 그러나 우리 자신과 조화를 이루는 목표에 집중한다면 우리는 더욱 행복해질 것이라고 셸던은 지적한다. 그의 말은 어떤 의미와 즐거움이 우리의 삶에 가장 큰 행복을 가져다주는지 생각해보게 한다.

♦ 스스로 선택하고 추구해가는 자기일치적 목표

확신과 관심을 두고 추구하는 목표를 자기일치적 목표라고 부른다. 케넌 셸던과 앤드루 엘리엇의 연구에 따르면 그러한 목표는 '우리 자신의 선택'에 따른 것이며 '우리 자신과 부합'한다.

어떤 목표가 '자기일치적'이 되기 위해서는 다른 사람이 부여한 것이 아니라 스스로 선택한 것이어야 한다. 다른 사람에게 과시하기 위한 것이 아니라 스스로 표현하고 싶은 욕망에서 나온 것이어야 한다. 그러한 목표를 추구하는 이유는 어떤 의무감을 느끼거나 누군가가 강요해서가 아니라 스스로 중요하고 즐겁다고 느껴서다.

이 분야의 연구는 사회적 지위, 은행 예금과 같은 외적 요인에서 얻는 의미와 다른 사람들과의 연결 같은 내적 요인에서 얻는 의미 사이에 커다란 차이가 있다는 것을 보여준다. 경제적 목표는 대체로 내적 요인보다 외적 요인에 따른 것이므로 자기일치적 목표가 아니다. 부의 추구 뒤에는 늘 그렇지는 않지만 지위나 과시를 추구하고자 하는 욕망이 있다.

팀 캐서와 리처드 라이언은 〈아메리칸 드림의 이면The Dark Side of the American Dream〉이라는 논문에서 경제적 성공을 인생의 중심 목표이자 지침으로 추구하는 것이 안 좋은 결과로 이어진다는 내용을 발표했다. 돈을 버는 것이 주목적인 사람들은 자아를 충분히 실현하지 못하고 잠재력을 한껏 발휘하지 못한다. 그러다 보니 고민이 많아지고 불안해지기 쉽다. 마음이 괴롭다 보니 몸도 따라서 나빠지고 활력이 떨어진다.

이 같은 결과는 미국과 그 밖의 나라에서도 공통으로 나타났다. 싱가포르 경영대학원 학생들을 조사한 결과, 물질적 가치를 중요하게 생각하는 학생일수록 자아실현과 활력, 행복 수준이 떨어지고 불안과 신체적 이상 증세, 불행 수준이 높은 것으로 나타났다.

자기일치적 목표를 연구하는 심리학자들이 말하는 바는 돈과 지위를 향한 욕심을 버려야 한다는 것이 아니다. 이는 어떤 의미에서 우리의 본성과 헛된 싸움을 하는 것이다. 그들은 경제적으로 안정을 추구하는 것이 중요하지 않다고 말하는 것이 아니다. 의식주와 교육 같은 기본 욕구를 해결하려고 돈을 버는 것은 행복을 위해 꼭 필요하다. 하지만 행복을 궁극적인 가치로 인정한다면 돈과 지위는 기본 욕구를 제공하는 것 외에 우리가 추구해야 할 중심 목표가 될 수 없으며, 그래서도 안 된다.

한편 부의 추구는 자기일치적 목표에 관한 연구에서 대부분 외적인 목표로 취급하지만, 우리의 행복을 위해 도움을 주는 내적인 목적의 기능을 할 수도 있다. 이런 경우에는 부의 물질적인 면보다 부가 우리에게 주는 의미, 즉 노력의 대가와 능력의 증거 등이 중요하다. 돈을 버는 것을 사회적 지위와 같은 외적 요인보다 개인의 성장 같은 내적 요인과 관련 있다고 보는 것이다.

돈을 어떤 수단으로 인식하고 이용한다면 부의 추구는 자기일치적 목표가 될 수도 있다. 예를 들어 돈을 벌면 시간의 여유가 생겨서 그 시간 동안 중요한 일을 하거나 대의를 위해 일할 수 있다.

자기일치적 목표를 정하고 추구하는 것은 분명 여러 가지 이로운 점이 있지만 쉬운 일은 아니다. 셸던과 린다 하우저마르코는 자기일치적 목표를 선택하는 것이 "정확한 자아 인식 능력과 때로 우리를 부적절한 방향으로 몰아가는 사회적 압력에 저항하는 능력이 모두 요구되는 어려운 기술"이라고 말했다.

우리는 먼저 평생 하고 싶은 일이 무엇인지 알아야 하고, 그다음에는 그러한 바람대로 충실하게 살 수 있는 용기를 가져야 한다.

생각해보기

당신의 자기일치적 목표는 무엇인가? 그 목표를 추구하지 못하게 막는 내적 또는 외적 방해물은 무엇인가?

♦ 하고 싶은 일과 해야 하는 일

자기일치적 목표의 전제조건은 우리가 자유롭게 목표를 정했다고 느끼는 것이다. 이것은 자유국가에 사는 사람들이 억압 체제에서 사는 사람들보다 더 행복한 이유를 설명한다.

그러나 계몽된 민주주의 국가에서는 많은 사람이 국가의 체제가 아니라 돈, 지위, 의무감, 두려움, 과시욕과 같은 스스로 부과한 외적 요인으로 인해 많은 시간을 노예처럼 느끼면서 살고 있다. 그들은 하고 싶은 일을 하기보다 해야 하는 일을 하면서 살아야 한다고 생각한다.

해야 하는 일은 자기일치적 목표가 아니므로 보통 의미나 즐거움, 아니면 둘 다 부족하다. 반면 하고 싶은 일은 자기일치적 목표로 의미와 즐거움을 모두 제공한다.

우리가 좀 더 행복해지는 법은 일상에서 해야 하는 일을 줄이고, 하고 싶은 일을 늘리는 것이다. 의학을 공부하는 이유는 그것이 의미가 있기 때문인가(내적 요인), 아니면 사회적 지위를 얻을 수 있기 때문인가(외적 요인)? 사업을 하는 이유는 시장에서 경쟁하는 것이 재미있기 때문인가(내적 요인), 아니면 돈을 많이 벌 수 있기 때문인가(외적 요인)?

이러한 선택은 상호 배타적이지 않다. 우리가 어떤 일을 하는 이유에는 일부는 내적이고 일부는 외적인 여러 요인이 함께 작용한다. 가족을 기쁘게 해주려고 법관이 된 사람이라도 정의를 실현하면서 성취감을 느낄 수 있다. 법에 관심이 많아서 법관이 된 사람이라도 사회적 지위에 무관심해야 하는 것은 아니다.

문제는 내적 요인과 외적 요인 중 어느 쪽을 더 중요하게 여기느냐다. 만약 주된 요인이 내적이라면, 다시 말해 자기일치적 목표라면 지금 하는 일은 하고 싶은 일이 된다. 반대로 주된 요인이 외적이라면 그 일은 해야 하는 일이 된다.

인생의 목표에 적용되는 이러한 분석은 일상의 목표에도 적용된다. 하루 중 내가 하고 싶은 일을 하면서 보내는 시간과 해야 하는 일을 하면서 보내는 시간은 각각 얼마나 되는가? 누구나 하기 싫어도 해야 하는 일이 있게 마련이다. 내 경우에도 가르치는 일을 좋아하지만, 때로는 리포트 성적을 매기거나 시험문제를 내면서 많은 시간을 보내야만 한다.

따라서 해야 하는 일을 완전히 없앨 수는 없지만 되도록 적게 하고, 하고 싶은 일을 많이 할 수 있는 방법을 찾아야 한다. 우리가 얼마나 행복한지는 하고 싶은 일을 하는 시간과 해야 하는 일을 하는 시간의 비율에 달려 있다. 대체로 이 비율에 따라 아침에 이불 속에서 꾸물거리거나 아니면 벌떡 일어나 뛰어나갈 수도 있고, 하루를 끝냈을 때나 주말이 됐을 때 성취와 만족을 얻거나 아니면 안도감과 해방감을 느낄 수도 있다.

> 생각해보기
>
> 평소 당신의 하루를 생각해보자. 해야 하는 일을 더 많이 하는가, 아니면 하고 싶은 일을 더 많이 하는가? 하루나 일주일을 기대에 차서 시작하는가?

무엇을 하고 싶은지 또는 무엇이 의미와 즐거움을 동시에 제공하는지 스스로 물어보는 것만으로는 충분하지 않다. 좀 더 깊이 파고들어야 한다.

내가 대학을 졸업하고 어디로 가야 할지 고민하고 있을 때 철학 교수인 오하드 카민은 이렇게 조언했다.

"인생은 짧다. 진로를 선택할 때 네가 할 수 있는 일이 무엇인지 먼저 생각해보라. 그중에서 하고 싶은 일들을 선택하라. 그리고 다시 그중에서 정말 하고 싶은 일들로 선택의 폭을 좀 더 줄여라. 마지막으로 그중에서 정말 정말 하고 싶은 일을 선택해서 그 일을 하라."

그러면서 오하드는 동심원 4개를 그려서 보여줬다. 가장 안쪽에 있는 원이 우리를 가장 행복하게 해주는 일이다.

바깥쪽의 원은 우리가 할 수 있는 일이다. 가장 안쪽의 원은 우리의 가장 깊은 바람과 욕망을 뜻한다. 그러한 바람과 욕망을 추구하면 확신과 자신을 갖게 된다. 인생 이야기를 스스로 쓸 수 있게 되는 것이다. 물론 때로는 우리가 원하는 일만 하면서 살 수 없

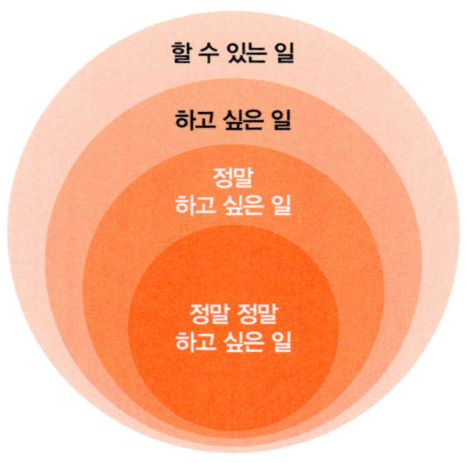

을 때도 있고 어쩔 수 없는 제약도 있다. 하지만 이 질문에 진지하게 대답함으로써 꿈을 실현하는 여행을 시작할 수 있다. 무엇보다 말은 현실을 창조하는 힘이 있기 때문이다.

생각해보기

당신이 정말 정말 하고 싶은 일은 무엇인가?

나는 종종 아내 타미와 함께 서로 도와가면서 각자의 목표와 공동 목표를 정한다. 몇 년 전 내가 아내에게 어떤 목표의 데드라인에 관해 이야기하자 아내는 자기일치적 목표는 우리에게 용기를 불어넣어 주므로 테드라인보다는 라이프라인이라고 표현하는 게 더 적절하다고 말했다. 마찬가지로, 즐거우면서 동시에 의미가 있고 현재와 미래에 이익이 되는 목표를 추구할 때 우리는 시간을 죽이는 것이 아니라 살린다고 표현해야 한다.[3]

에이브러햄 매슬로는 "어떤 과제에 집중하면 내적으로나 외적으로 더 능률이 높아진다"라고 했다. 우리가 집중하는 과제가 자기일치적 목표이고, 우리의 가장 깊은 관심과 흥미와 일치한다면 더 말할 나위도 없다.

20세기 신화학자 조지프 캠벨은 마지막 인터뷰에서 '보이지 않는 손이 도움을 주는' 느낌을 받은 적이 있느냐는 빌 모이어스의 질문에 이렇게 대답했다.

"항상 그렇게 느낍니다. 기적과도 같은 일이죠. 나는 항상 보이지 않는 손이 돕고 있다는 것을 느끼면서 일종의 미신을 믿게 됐습니다. 말하자면, 만약 우리가 열정을 따라간다면 우리를 기다리면서 언제나 그 자리에 있는 길에 들어서게 된다는 것입니다. 그리고 우리가 살아야 하는 삶을 살게 됩니다. 열정과 관련된 사람들을 만나기 시작하고 우리를 위한 문이 열립니다. 그러니까 열정을 추구하면서 두려워하지 않는다면 뜻하지 않은 곳에서 문이 열릴 것입니다."

자기일치적 목표에 관한 연구에서 볼 수 있듯, 캠벨의 믿음은 미신에 불과한 것이 아니다. 열정을 따라가면 여행을 즐길 수 있을 뿐 아니라 더 크게 성공할 수 있다.

어떤 방향으로 갈 것인지 분명하게 알지 못하면 방황하거나 진실한 자신한테서 멀어지기 쉽다. 하지만 우리가 어디로 가는지 안다면 그리고 우리가 정말, 정말 그곳에 가기를 원한다면 길에서 벗어나지 않고 자신에게 충실할 수 있다. 자신의 흥미와 일치하지 않는 요구나 외부에서 부과하는 의무, 사회적 지위의 유혹을 뿌리칠 수 있고 내면에서 나오는 부름에 답할 수 있다.

시간은 제로섬 게임이며 제한된 자원이다. 해야 하는 일만 하면서 살다가 인생을 끝낼 것인가? 하고 싶은 일을 하기에도 시간이 부족하다.

✅ 자기일치적 목표 정하기

자기일치적 목표를 정해서 추구하는 사람들은 일반적으로 더 행복할 뿐 아니라 더 크게 성공한다. 인간관계부터 직업까지 인생의 주요 영역에서 당신이 정말 원하는 것이 무엇인지 적어보자. 각 영역에서 다음을 참고하라.[4]

장기 목표: 앞으로 1년에서 30년까지 라이프라인(데드라인)을 정해서 목표를 자세히 세운다. 이때 도전적 목표를 세우는 것이 좋다. 행복을 위해 실제로 목표를 달성하고 못 하고는 중요한 점이 아니라는 것을 기억하자.

목표 설정의 목적은 자유롭게 여행을 즐기는 것이다.

단기 목표: 장기 목표를 단계에 따라 나눠보자. 장기 목표를 달성하기 위해 내년, 다음 달 또는 내일 무엇을 해야 할지 생각한다. 이 글을 쓰는 지금 나의 단기 목표는 장기 목표와 관련해서 오는 9월까지 이 책의 초고를 완성하는 것이다.

행동 계획: 장기 목표와 단기 목표를 위해 다음 달, 다음 주 또는 내일 무엇을 해야 할지 생각한다. 매주 또는 매일 정기적으로 하든지 한 번으로 끝내든지 일정표에 어떤 활동을 실행에 옮길 것인지 적는다. 지금 내가 글을 쓰는 것은 행동 계획의 일부다. 나는 매일 3시간씩 이 책을 쓰는 것을 규칙으로 정했다.

목표를 분명히 정하지 않으면 외부의 힘에 끌려다니다 결국 자기일치적 활동을 하지 못한다. 수동적으로 외부의 요구에 반응할 것인지, 적극적으로 삶을 살아갈 것인지 선택해야 한다.

✔ 행복 이사회 구성하기

당신의 행복을 염려하고 궁극적인 가치를 추구할 수 있도록 도와주는 사람들로 행복 이사회를 구성하자. 이사회 구성원에게 당신이 약속을 지키는지, 약속한 대로 실천하는지 지켜봐달라고 하라. 그들과 정기적으로 만나서 당신의 발전에 관해 이야기하고 어떤 부분에서 발전했는지, 어떤 부분에서 분발해야 하는지, 어떤 부분에서 방향을 바꾸는 것이 좋을지 상의한다.

목표를 달성하기는 쉽지 않다. 어떤 행동을 습관과 규칙으로 만들려면 시간이 걸리게 마련이다. 그래서 대부분 실패로 끝나기 쉽다. 운동이 결심으로 끝나는 습관을 고치거나 가족과 더 많은 시간을 보내는 데 성공하려면 다른 사람의 지원을 받아보자. 성공 확률이 그만큼 높아진다.

더불어 다른 사람의 행복 이사회 구성원이 되는 것도 좋은 방법이다. 서로 이사회의 구성원이 되는 작은 그룹을 만들 수도 있다. 다른 사람을 돕는 것은 곧 자신을 돕는 것이다. 다른 사람들이 궁극적인 가치를 추구하도록 도와주고 즐거운 활동을 할 수 있게 북돋우면 결국 자신의 행복을 위해 더욱 열심히 노력하게 된다.[5]

2부

지금 당장 행복해지는 방법

HAPPIER

6장

**몰입의
힘**

내 동생은 하버드대에서 심리학을 공부했다. 그는 대학에 입학하기 전에는 심리학 책을 읽고 토론하고 글을 쓰고 생각하면서 여가를 보냈다. 하지만 정작 대학에 입학하고 나서는 심리학 공부를 싫어하게 됐다.

그런 그가 유별난 것은 아니다. 대부분이 학교 공부를 싫어한다. 그러면 어떻게 해야 많은 시간을 공부에 전념할 수 있을까? 나는 동생과 이런저런 이야기를 나누면서 학생들이 공부하는 방식에는 2가지가 있다고 생각했다. 즉, 잠수 방식과 연애 방식이다.

잠수 방식은 2가지 사실을 보여준다. 고통에서 벗어나려고 하는 욕망은 강한 동기가 될 수 있다는 것 그리고 고통에서 벗어났을 때 느끼는 안도감을 행복으로 착각할 수 있다는 것이다. 물속에 머리를 박고 있는 사람은 불편하고 고통스러워서 물 밖으로 나오려고 애쓴다. 그러다 마지막 순간에 물 밖으로 나오면 숨을 몰아쉬며 무한한 안도감을 느낀다.

학교를 좋아하지 않는 학생들의 상황이 그처럼 절박할지는 모르지만 그들을 움직이는 동기, 다시 말해 부정적인 결과를 피하려는 욕구는 비슷하다. 학생들은 학기 내내 낙제하지 않으려고 열심히 공부한다. 그러다 학기가 끝나고 책, 리포트, 시험으로부터 자유로워지면 무한한 안도감이 들면서 잠시 행복에 빠진 듯한 기분을 느낀다.

이렇게 고통 뒤에 느끼는 안도감은 초등학교 때부터 뇌리에 각인된다. 따라서 성취주의자로 사는 것이 가장 건강하고 매력적인 삶처럼 보인다.

이에 반해 연애 방식은 현재와 미래의 이익을 모두 제공하는 학습 방식이다. 책을 읽고 조사하고 생각하고 글을 쓰면서 보내는 많은 시간은 사랑의 전희라고 볼 수 있다. 지식과 직관의 경계가 무너지면서 어떤 문제의 해결책에 도달하는 깨달음의 경험은 사랑의 절정에 비유할 수 있다. 연애 방식은 잠수 방식과 마찬가지로 원하는 목표가 있지만 모든 학습 과정에서 만족을 얻는다.

즐겁게 공부하지 못하는 데에는 학생들에게도 일부 책임이 있다. 좀 더 독립적인 대학생이나 대학원생은 말할 것도 없다. 하지만 학생들이 책임감을 느끼고 배울 만큼 성숙해지면 대부분 이미 성취주의자의 사고방식에 젖는다. 그들은 부모님에게 성적과 상장이 성공의 척도이며 그들의 책임은 배움을 즐기기보다 우수한 성적표를 받는 것이라고 배운다.

아이들이 행복한 삶을 살도록 도와야 하는 교육자인 부모와 교사들이 먼저 행복이 궁극적인 가치라는 것을 믿어야 한다. 아이들은 지극히 민감해서 교육자들이 말로 가르치지 않아도 그들이 믿고 있는 것을 흡수한다.

학교에서는 아이들이 의미 있는 진로를 추구하도록 격려해야 한다. 어떤 학생이 사회복지사가 되기를 원하고 그 직업의 득실을 알고 있다면 교사는 투자은행가가 되는 쪽이 돈을 더 벌 수 있더라도 사회복지사가 될 수 있도록 도와야 한다.

자녀가 사업가가 되기를 원한다면, 부모는 자녀가 정치가가 되기를 바라더라도 사업가가 될 수 있도록 도와야 한다. 행복이 궁극적인 가치라고 믿는 부모와 교사라면 당연히 그렇게 할 것이다.[1]

생각해보기

당신이 학교에 다닐 때 가장 존경했던 교사를 떠올려보자. 그는 어떤 식으로 당신에게 배움에 대한 사랑을 심어줬는가?

만일 학교에서 배움에 대한 사랑을 키워주기보다 눈에 보이는 결과인 성취에만 초점을 맞춘다면 성취주의자의 사고방식을 부추기고 아이들의 정서 발달을 가로막을 것이다.

성취주의자는 다른 사람들이 인정하고 확인할 수 있는 성취가 가장 중요하며, 감정은 단지 성공을 방해하는 요소이므로 무시하고 억제해야 한다고 배운다. 하지만 정서 능력은 궁극적인 가치의 추구뿐 아니라 물질적인 성공을 위해서도 중요하다.

대니얼 골먼은 그의 저서 《감성지능》에서 이렇게 이야기했다. "심리학자들은 아이큐가 성공을 결정하는 부분은 20퍼센트밖에 되지 않는다는 말에 동의한다. 80퍼센트는 내가 감성지능이라고 부르는 다른 요인들에서 온다."

성취주의자의 사고방식은 감성지능과 정반대이며, 행복하고 성공적인 삶을 사는 것을 방해한다.

그러면 교사와 부모들은 어떻게 해야 학생들이 즐기면서 공부하도록 도와줄 수 있을까? 성취와 배움에 대한 사랑을 어떻게 심어줄 수 있을까? 심리학자 미하이 칙센트미하이의 몰입Flow에 관한 연구는 가정과 학교에서 아이들에게 현재와 미래의 이익, 즐거움과 의미를 주는 환경을 조성하는 방법에 관해 중요한 통찰과 지침을 준다.

◆ 몰입, 최상의 경험을 하는 순간

칙센트미하이가 말하는 몰입은 그 자체가 보상인 경험에 열중하는 상태를 의미한다. 몰입의 상태에서 우리는 그 경험과 하나가 되고, 행동과 인식이 하나가 된다.[2]

누구나 한번쯤 독서나 글쓰기에 빠져서 누가 이름을 불러도 듣지 못한 적이 있을 것이다. 혹은 요리를 하거나 친구와 대화를 나누거나 공원에서 농구를 할 때 몇 시간이 마치 몇 분처럼 훌쩍 지나가 버린 적이 있을 것이다. 이런 것이 바로 몰입의 경험이다.

몰입의 상태에서 우리는 최상의 경험을 하는 동시에 최고의 수행을 하고, 즐겁게 지내는 동시에 최고의 기량을 발휘한다. 운동선수들은 이러한 경험을 '무아지경'이라고 표현한다.

공을 차거나 나무를 조각하거나 시를 쓰거나 시험공부를 하거나 아니면 다른 무엇을 하든 간에 몰입의 상태에서 완전히 집중해서 할 때는 옆에서 무슨 일이 일어나는지 모른다. 바로 그런 순간 우리는 최선을 다하고 미래의 목적을 향해 배우고 성장하고 개선하고 발전한다.

칙센트미하이는 몰입의 상태에 들어가려면 목표와 분명한 목적의식을 가져야 한다고 설명한다. 목표는 시간이 지나면서 변할 수 있다. 하지만 우리가 뭔가를 하는 동안에는 분명한 방향을 설정해야 한다. 어떤 방해를 받아도 흔들리지 않고 목표에 온전히 전념할 때 눈앞의 과제에 몰두할 수 있다.

5장에서 목표에 관해 이야기한 것처럼 목적지를 분명히 알면 자유롭게 여행을 즐길 수 있다. 몰입의 상태에서는 현재와 미래의 이익이 하나가 되고, 미래의 목표가 지금 하는 경험에 도움이 된다. 몰입의 경험은 "고통이 없으면 얻는 것도 없다"라는 속담을 "지금 얻는 것이 있으면 미래에도 얻는 것이 있다"로 바꿔서 더 높은 수준의 행복으로 우리를 데려간다.

칙센트미하이의 몰입에 관한 연구에 따르면, 힘들게 노력해야만 최적의 수행 수준을 얻을 수 있다는 의미의 "고통이 없으면 얻는 것도 없다"라는 속담은 미신에 불과하다. 고통은 최고의 수행을 위한 최적의 조건이 아니다. 과로와 태만 사이에는 우리가 즐기면서 최선을 다할 수 있는 특별한 지대가 있다. 그 지대에 들어

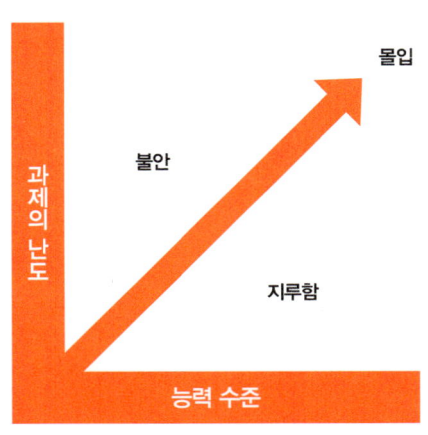

가려면 우리에게 주어진 과제가 적절한 수준이어야 한다. 즉, 너무 어렵지도 너무 쉽지도 않은 적절한 수준의 도전이어야 한다.

앞의 그래프는 과제의 난도가 높고 우리의 능력 수준이 낮으면 불안을 경험하고, 반대로 우리의 능력 수준이 높고 과제의 난도가 낮으면 지루함을 경험한다는 것을 보여준다. 과제의 난도와 우리의 능력 수준이 상응할 때 몰입을 경험할 수 있다.

> **생각해보기**
>
> 당신은 언제 몰입을 경험했는가?

대부분의 학생이 공부에서 지루함이나 초조함을 느끼므로 즐기지도 최선을 다하지도 못한다. 학생들이 학교에서 현재와 미래의 이익을 얻을 수 있도록 하려면 교사들은 최대한 각 학생의 능력 수준에 맞게 활동과 수업을 해야 한다.

앞의 그래프가 보여주듯, 학생들이 몰입을 경험하지 못하는 가장 확실한 이유는 2가지다. 부담스러운 환경에서 불안을 느끼고 노력이나 도전이 없는 환경에서 지루함을 느끼기 때문이다.

첫 번째 경우 학생들은 잠수 방식의 교육을 받는다. 교사들은 학생들에게 감당할 수 없을 정도로 힘든 과제를 주고 학교 공부를 고통, 불안, 불행과 동의어로 만든다. 학습 과정보다는 결과를, 여행코다는 목적지에 초점을 맞추게 한다. 그러면 아이들은 어느새 성취주의자가 돼 어른이 돼서도 일이나 여가활동에 몰입하지 못한다.

두 번째 경우는 첫 번째와 정반대로 지루하고 느슨한 환경을 조성해서 아이들을 게으르고 나태하게 만드는 것이다. 노력을 요구하지 않는 것은 지나치게 요구하는 것만큼 해로우며, 학생들이 몰입을 경험하지 못하게 만든다. 교육자, 특히 부모는 고통을 노력과 혼동하고 아이를 고통에서 보호한다는 구실로 응석을 받아주고 도전하지 못하게 막는 실수를 저지른다. 아이에게 '특권'을 제공해 노력할 기회를 주지 않음으로써 도전을 이겨내는 만족감이나 몰입을 경험하지 못하게 한다.

내가 어릴 때 즐겨 보았던 《리치 리치: 가난한 꼬마 부자》라는 만화에는 모든 것을 다 가진 것 같은 아이가 주인공으로 나온다. 만화 제목이 암시하듯, 우리는 궁극적인 가치에 관한 한 부자이면서 동시에 가난할 수 있다. 상대적으로 풍족한 우리 사회에는 부자이면서 불행한 아이와 어른이 점점 더 많아지고 있다. 어떤 사람들은 이런 현상을 '부자병'이라고 부르는데, 나는 '가진 자의 궁핍'이라고 표현한다.

♦ 행복으로 가는 지름길은 없다

현대 자기계발 운동의 아버지 새뮤얼 스마일스는 1858년에 이렇게 주장했다.

"청소년들이 인생의 행복과 복리가 다른 사람의 도움이나 보호가 아니라 자신의 노력 여하에 달려 있다는 생각을 하면서 성장하도록 우리는 도와야 한다."

자녀가 해야 할 몫을 부모가 '도와주는' 것이 결국은 불행을 가져올 수 있다. 스마일스는 이렇게 덧붙였다.

"스스로 노력하지 않아도 모든 욕망이 완전히 충족되고 아무런 희망이나 욕망, 투쟁 없이 사는 것보다 인간에게 더 큰 저주는 없을 것이다."

아이들은 어른들과 마찬가지로 도전을 받을 때 성취에서 의미를 발견하고 목표를 달성하는 과정을 즐기게 된다.

'가진 자의 궁핍'은 우리 사회가 갈수록 우울증을 겪는 사람이 많아지고 우울증에 걸리는 청소년의 나이가 점점 더 어려지는 이유를 어느 정도 설명해준다. 그들에게 삶이란, 말 그대로 땅 짚고 헤엄치는 일이기 때문이다.

노력, 어려움, 도전은 정서적으로 풍요로운 삶을 위해 꼭 필요한 요소다. 행복으로 가는 지름길은 없다. 하지만 부모들은 자녀가 어려움에 부딪히면 지름길을 찾아주고 싶어 한다. 쉬운 방법이 있는데도 아이가 고생하는 것을 어떻게 그냥 두냐며 마치 죄를 짓는 일인 것처럼 느낀다. 그러나 돕고 싶은 충동을 참고 아이들에게도 투쟁할 수 있는 특권을 허락해야 한다.

부자들이 불행한 또 다른 이유는 행복해야 한다는 부담을 느껴서다. 나는 특권층의 가정에서 자란 많은 학생이 이런 생각을 하는 것을 보았다. 어떤 학생은 이렇게 말하곤 했다.

"제가 무슨 권리로 불행을 느낄 수 있겠어요?"

그들은 가진 것에 충분히 감사할 줄 모른다고 생각한다. 불행한 이유를 찾지 못해서 자책하고 스스로 결함이 있다고 느낀다. 행복해야 한다는 부담감과 부정적인 감정으로 인한 죄책감과 자괴감으로 더욱 불행해지는 것이다. 하지만 부를 중요하게 생각하는 사람들도 그들이 느끼는 감정은 대체로 부와 무관하다.

♦ 인간의 감정은 평등하다

우리는 누구나 고통과 기쁨 그리고 그사이의 모든 감정을 경험한다. 모든 사람이 똑같이 부를 나눠 가질 수는 없지만, 대부분이 궁극적인 가치에 똑같이 접근할 수 있다. 앞에서도 이야기했듯, 극도의 빈곤이나 정치적으로 억압받는 상황에 놓인 사람들을 제외하고 행복과 불행은 모든 사람에게 똑같이 분배된다.

심리학자 데이비드 마이어스와 에드 디너는 〈누가 행복한가?Who Is Happy?〉라는 논문에서 주관적인 행복에 관한 연구를 이렇게 요약하고 있다.

"행복과 삶의 만족은 남녀노소, 흑인과 백인, 부자와 노동자를 막론하고 누구나 비슷하게 느낀다."

궁극적인 가치는 위대한 평형 장치다. 18세기 경제학자이며 철학가인 애덤 스미스는 "인생의 진정한 행복이라는 면에서 볼 때

빈곤층이 부유층보다 절대 뒤떨어지지 않는다"라고 말했다.

당시 특권 계급이었던 애덤 스미스가 겸손하게 한 말인지는 모르지만, 가난한 사람이 느끼는 고통이나 기쁨이 부자가 느끼는 감정과 질적으로나 양적으로 다르다고 볼 만한 근거가 없다는 점에서는 맞는 말이다. 일단 기본 욕구, 즉 의식주와 교육이 해결되면 감정의 영역에서 소득 수준의 차이는 별다른 영향력을 발휘하지 못한다.

부자의 불행은 가난한 사람이 경험하는 것만큼 현실적이고 자연스러우며 만연하다. 사람들은 가진 자나 못 가진 자나 할 것 없이 누구나 인생의 순간마다 희로애락을 경험한다. 어떠한 상황에서도 감정들을 회피하는 것은 궁극적인 가치에 도움이 되지 않는다.

세상의 어떤 특권도 감정의 고통을 겪거나 때로는 허무주의에 빠지는 것을 막을 수 없으며, 만일 그런 기대를 건다면 더욱 불행해질 뿐이다. 우리는 소득 수준과 사회적 지위를 막론하고 인간적인 감정을 경험해야 한다.

> **생각해보기**
>
> 당신은 부정적인 감정을 자연스럽게 받아들이는가 아니면 거부하는가? 당신은 자신에게 인간적인 감정을 허락하는가?

♦ 행복과 즐거움을 가르치는 교육

칙센트미하이의 연구에 따르면 아이가 12세가 되면 이미 일과 놀이를 분명히 구분하기 시작한다. 그 이후 평생 우리는 일과 놀이를 구분한다.

아이들은 공부를 '해야 하는 일'이라고 생각한다. 하지만 공부를 일로 인식하면 학습의 경험을 즐기지 못한다. 우리 사회는 일에 편견을 갖고 있다. 이 편견은 우리의 정신 깊숙이 뿌리박혀 있는데, 이를 증명하기 위해 가장 영향력 있는 구약성서 구절로 거슬러갈 수 있다.

아담과 이브는 한가로운 삶을 살았다. 그들은 일하지 않았고 미래를 계획하지 않았다. 그러나 금단의 열매를 먹고 그 벌로 에덴동산에서 추방당하는 바람에 자신들은 물론 후손까지 노역의 삶을 살게 됐다.

이처럼 노역을 처벌로 생각하는 인식은 우리 문화 속에 확고하게 박혀 있다. 그리고 천국은 힘든 일을 하지 않아도 되는 곳으로 묘사된다. 하지만 실제로 우리가 이 세상에서 행복하게 살기 위해서는 일을 해야 한다.

칙센트미하이와 주디스 르페브르는 〈일과 여가활동에서 얻는 최적의 경험Optimal Experience in Work and Leisure〉이라는 논문에서 사람들이 일보다 여가활동을 선호한다고 말했다. 이 점에서는 아무도 이의를 제기하지 않을 것이다. 하지만 그들은 또 다른 사실을 발견했다. 사람들이 집보다 직장에서 몰입을 더 자주 경험한다는 것이다.

이러한 모순, 즉 우리가 일보다 여가활동을 좋아한다고 말하면서 동시에 직장에서 최상의 경험을 하는 것은 시사하는 바가 크다. 노력을 고통과 연결하고 여가를 즐거움과 연결한다는 편견이 너무 뿌리 깊어서 현실을 왜곡해서 인식하는 것이다.

우리가 학습된 반응에 따라 직장에서 얻는 긍정적인 경험을 부정적으로 평가할 때 행복의 가능성은 심각하게 제한된다. 행복해지기 위해서는 긍정적인 감정을 경험할 뿐 아니라 긍정적인 감정으로 평가할 수 있어야 하기 때문이다.

직장은 우리가 긍정적인 감정을 경험하는 장소가 될 수 있고, 또 그렇게 돼야 한다. 교육자 파커 파머는 그의 저서 《가르칠 수 있는 용기》에서 이렇게 이야기했다.

"일을 고통과 동일시하는 문화에서 어떤 일이 우리의 천직인지 알 수 있는 가장 확실한 증거는 즐거움이라고 말하는 것이 혁명적이지만 진실이다."

많은 사람이 일과 노력을 고통이나 시련과 같게 여기므로 학교와 일터에서 행복을 경험하지 못한다.

따라서 학교와 직장에서 더 많은 기쁨을 얻으려면 의식적으로 우리의 경험을 재구성함으로써 편견을 없애야 한다. 1930년 도널드 헤브가 실시한 연구는 이러한 재구성이 어떻게 일어날 수 있는지 보여준다.

헤브는 6~15세의 학생 600명에게 더는 공부하지 않아도 된다고 말했다. 그리고 학생들이 교실에서 잘못된 행동을 하면 벌로 밖에 나가서 놀도록 하고, 올바른 행동을 하면 상으로 교실에서 공부하도록 지도했다. 그 결과는 다음과 같았다.

"그러한 환경에서 하루 이틀이 지나지 않아 모든 학생이 노는 것보다 공부를 택했다. 그리고 전보다 더 열심히 공부했다."

만약 우리가 일과 교육을 의무가 아니라 특권으로 재구성할 수 있다면, 자녀를 위해 그렇게 할 수 있다면 궁극적인 가치 면에서 훨씬 더 풍족한 삶을 살게 될 것이다. 그뿐 아니라 더 많이 배우고 더 성공할 것이다.

> **생각해보기**
>
> 공부나 일을 특권으로 느낄 수 있는가? 그렇게 느낀다면 공부나 일을 즐기면서 할 수 있는가?

노력과 투쟁이 궁극적인 가치의 원천이 되는 가능성을 제외하는 것은 우리의 가능성 일부를 그냥 넘기는 것이나 마찬가지다. 그렇게 되면 학교 또는 직장에서 행복해지는 기회를 놓치기 쉽다. 학교와 직장 밖에서는 노력, 도전, 의미를 피해서 '여가'를 낭비하게 된다. 행복을 손에 잡히지 않는 것으로 생각하기 쉽다.

교육은 학생들이 물질적으로나 정서적으로 번창할 수 있도록 도와야 한다. 그러기 위해서는 교육의 기술적인 면에 초점을 맞추는 것으로는 충분하지 않다.

나는 아이들에게 쓰기, 읽기, 셈하기(3R) 외에 네 번째로 즐기는 법을 가르쳐야 한다고 생각한다. 교사들은 학교에서 학생들이 배움과 성장과 삶 자체를 즐길 수 있는 환경을 만들어야 한다. 대부분은 교실에서 성장기를 보내면서 기대와 습관을 만들어간다. 만약 학교에서 학생들에게 행복을 추구하고 궁극적인 가치를 생산하는 활동에 초점을 맞추도록 격려한다면 그들은 평생 그런 식의 삶을 살아갈 것이다. 반면 쫓기듯이 한 학년에서 다음 학년으로 올라가는 것이 전부라면 졸업한 후에도 오랫동안 그런 식으로 살아갈 것이다.

많은 교육자는 학생들이 배움의 기쁨을 얻어서 의미 있고 도전적인 목표와 활동을 발견할 수 있도록 도와주기보다 시험 성적을 잘 받게 하는 데 관심을 둔다. 칙센트미하이는 이렇게 이야기했다. "부모나 학교는 아이들이 적절한 활동에서 즐거움을 발견하도록 가르치지 못한다. 때로는 어른들 자신이 허깨비에게 홀려 엉터리 음모를 꾸민다. 정작 중요한 과제는 지루하고 어려워 보이도록 만들고, 하찮은 과제는 흥미롭고 쉬워 보이도록 만드는 것이다. 학교에서는 과학이나 수학이 얼마나 재미있고, 황홀하게 아름다운 학문인지 가르치지 못한다. 그들은 모험보다 딱딱한 이론을 가르친다."

배움에 대한 사랑은 내재적이다. 어린아이들은 항상 질문하고 더 많은 것을 알고 싶어 한다. 아이들이 자신에게 중요한 것을 추구하고 몰입을 경험할 수 있도록 도와준다면 학습에 대한 사랑을 더욱 키울 수 있다. 학습을 황홀하게 아름다운 모험, 평생에 걸쳐 추구해야 하는 가치로 바꿔줄 수 있다.

✅ 교육 과정 세우기

가장 성공한 사람은 평생 배우는 사람이다. 그들은 끊임없이 묻고 경이로운 세상을 탐험한다. 나이가 15세든 115세든, 지금 시련을 겪든 한창 전성기에 있든, 당신이 인생의 어느 시기에 있든 상관없이 자신을 위한 교육 과정을 창조해야 한다.

그 교육 과정에는 개인의 발전과 직업의 발전이라는 2가지 과목이 포함된다. 책을 읽고 생각하는 것을 즐기는 현재의 이익뿐 아니라 우리의 성장에 기여하는 미래의 이익을 가져다주는 학습을 한다.

매주 시간을 정해서 규칙적으로 자기계발을 하라. 예를 들어 개인의 발전 과목으로는 4장 끝에 있는 문장 완성하기를 연습할 수 있다. 또는 지역 대학에서 긍정심리학 수업을 듣거나 일기를 쓸 수도 있다. 직업의 발전을 위해서 믿을 만한 멘토를 찾아보고 당신이 일하는 직종의 최근 상황을 들을 수도 있다.

✓ 시련을 특권으로 만들기

시련은 우리가 자청해서 겪는 것은 아니지만 성장 발전을 위해 중요한 역할을 한다. 투쟁 없는 삶이 항상 최선은 아니다.

당신을 힘들게 했던 경험, 특별한 실패나 특정한 시기에 겪었던 시련에 관해 써보라. 최대한 상세하게 쓴 뒤에 그러한 경험의 결과가 어떤 교훈과 이익을 가져다줬는지도 써보라.

그 경험이 당신에게 어떤 이익을 가져다줬는가? 그 경험으로 인해 부지런한 생활을 하게 됐는가? 그 경험에서 중요한 교훈을 배웠는가? 어떤 문제를 분명히 이해하게 됐는가? 그 경험에서 배운 또 다른 교훈이 있는가? 만약 이 연습을 다른 사람과 함께한다면 서로 다른 경험에서 더 많은 이익을 얻을 수 있도록 돕는다.

시련을 전화위복의 계기로 삼자. 나의 동료인 앤 하비슨이 언젠가 말했듯, 훌륭한 위기를 그대로 낭비하지 말자.

7장

일의 의미

    10년 전에 나는 뉴욕의 유명 법률회사에서 기업변호사로 일하는 젊은이를 만났다. 그는 곧 회사의 파트너가 될 예정이었고, 센트럴파크가 내려다보이는 호화 아파트에 살고 있었다. 얼마 전에는 새 BMW를 현금으로 샀다.

  하지만 그는 일주일에 적어도 60시간을 사무실에서 보내면서 아침마다 간신히 일어나 출근했다. 그는 자신의 삶에서 더는 기대할 것이 없다고 느꼈다. 매일 의뢰인이나 동료들과 회의를 하고 소장과 계약서를 쓰면서 시간을 보내는 것은 종일 허드렛일을 하는 것과 다름없었다.

내가 그 젊은이에게 하고 싶은 일을 하면서 살 수 있다면 무슨 일을 하겠냐고 물었더니 그는 화랑에서 일하고 싶다고 대답했다. 그래서 화랑에 일자리가 없었냐고 묻자 그는 고개를 저으며 일자리는 있었다고 말했다. 그러면 화랑에서 일할 자격이 되지 않았냐고 다시 묻자 자격도 있었다고 했다. 하지만 화랑에서 일하면 소득이 훨씬 줄어 생활 수준을 낮춰야 한다고 덧붙였다. 법률회사를 싫어하지만 다른 방법이 없다고 했다.

여기 자신이 싫어하는 일에 발목을 잡혀 불행하다고 느끼는 한 남자가 있다. 그리고 그런 사람은 그 남자만이 아니다. 미국 인구의 50퍼센트만이 자신이 하는 일에 만족한다고 대답했다.[1] 하지만 그 변호사를 비롯해 자기 일에 만족하지 못하는 사람들과 이야기를 나눠보면 그들이 발목을 잡힌 이유는 다른 선택이 없어서가 아니다. 스스로 불행하게 만드는 선택, 즉 즐거움과 의미보다 물질을 우선하는 선택을 했기 때문이다.

♦ 일에서 의미와 즐거움을 찾자

히브리어로 '일Avoda'이라는 단어는 '노예Eved'와 어원이 같다. 대부분이 생계를 위해 일한다. 설사 생계를 위해 일할 필요가 없다고 해도 천성적으로 일을 해야만 한다. 우리는 행복해지기를 원하고 행복해지기 위해서 일을 해야 한다.

우리는 천성에 의해 일을 하지만 즐거움을 느끼는 일을 하면 자유로울 수 있다. 일의 주관적 경험이 자유로운지 그렇지 않은지는 우리가 부를 택할 것인지 아니면 정서적 만족을 택할 것인지 또는 다른 사람들의 기대에 따를 것인지 아니면 자신의 열정을 따를 것인지에 달려 있다.

그러한 선택을 할 때 먼저 우리 자신에게 몇 가지를 물어보자. 성서에도 "구하면 얻을 것이다"라는 말이 나오듯이, 질문하고 마음을 열면 전에 보지 못했던 것을 보게 되고 전에 찾지 못했던 길을 찾게 된다. 다음의 질문을 스스로 해보자.

"나는 직장에서 행복한가?"

"어떻게 하면 좀 더 행복해질 수 있을까?"

"지금 하는 일을 그만두고 의미 있고 즐거운 다른 일을 찾을 수 있을까?"

"만일 어떤 이유로 직장을 그만둘 수 없거나 그만두고 싶지 않다면 지금 하는 일을 좀 더 즐기면서 할 수 있을까?"

훌륭한 경영자는 직원들의 행복에 도움이 되는 환경을 만든다. 심리학자 리처드 해크먼의 연구 결과는 직원들이 어떤 근로 환경에서 일의 의미를 찾을 수 있는지 보여주는데, 크게 3가지로 요약할 수 있다.

첫째, 다양한 재능과 능력을 끌어내는 일을 해야 한다. 둘째, 일의 일부를 같이서 하기보다 처음부터 끝까지 참여해야 한다. 셋째, 지금 하는 일이 다른 사람에게 영향을 미친다고 느껴야 한다.

경영자가 이와 같은 조건에 맞게 근로 환경을 만든다면 직원들에게 더 많은 궁극적인 가치가 돌아갈 수 있다.

6장에서 말했듯, 미하이 칙센트미하이의 연구 결과에 따르면 너무 어렵지도 않고 쉽지도 않은 도전 과제가 집중력을 높여준다. 직원들과 조직의 이익을 함께 생각하는 경영자라면 직원들에게 적절한 수준의 도전 과제를 맡겨야 한다.

생각해보기

> 어떤 일을 즐겁게 했던 경험을 떠올려보자. 직장에서나 프로젝트를 수행할 때 어떤 것이 일을 좋은 경험으로 만들었는가?

하지만 적절한 일이나 직원은 거저 주어지지 않는다. 스스로 적극적인 태도로 일터에서 의미와 즐거움을 추구해야 한다. 부모와 교사, 사장, 정부 등 다른 사람을 탓하고 불평하면 동정을 받을 수 있을지는 몰라도 행복해지지는 않는다. 적절한 일을 발견하거나 적절한 근무 조건을 찾는 것은 결국 우리 자신에게 달려 있다.

어떤 일에서는 궁극적인 가치를 위해 필요한 조건을 재구성할 수 있다. 예를 들어 직장에서 시키지 않아도 스스로 분명한 목표를 정하고 도전함으로써 몰입을 경험할 수 있다. 하고 싶은 일을 하면 책임감을 느끼고 더 열심히 참여할 수 있다. 다른 부서로 옮기거나 새로운 기획을 함으로써 조직을 위해 할 수 있는 일을 찾아볼 수도 있다.

하지만 아무리 열심히 노력해도 직장의 구조 자체가 일에 흥미를 느끼고 몰두하기 힘든 상황이라면 다른 일자리를 찾아야 한다. 피치 못할 사정으로 직장을 떠날 수 없는 사람도 있을 수 있다. 하지만 의식주를 해결하는 데 필요한 돈 외에 궁극적인 가치를 가져다주는 직장을 대부분 찾을 수 있을 것이다.

때로는 직장에서 변화를 꾀하거나 새로운 일자리를 찾는 것이 두려울지도 모른다. 하지만 월급을 받는 것 외에 다른 의미를 느끼지 못하는 직장에 계속 다녀야 한다면 어떤 식으로든 변화가 필요하다.

만일 지금 다니는 직장에서 생계를 해결할 수 없다면 어떻게든 상황을 바꿔보려고 할 것이다. 그런데 왜 궁극적인 가치가 걸린 문제는 참게 되는 걸까? 변화를 꾀할 때 필요한 것은 용기다. 그리고 용기는 두려움을 느끼더라도 원하는 일을 하는 것을 말한다.

돈과 궁극적인 가치는 생존을 위해 모두 필요하다. 둘 중 하나를 선택해야 하는 것이 아니다. 우리는 좋아하는 일을 할 때 최선을 다하므로 의미와 즐거움을 주는 일을 추구한다면 결국 현실에서도 성공을 거둘 수 있다. 관심과 흥미가 있고 열정을 느끼는 일을 열심히 하는 것은 당연하다. 열정을 느끼지 못하는 일은 게을리하게 되지만, 열정을 느끼는 일은 더욱 열심히 하게 되고, 시간이 지날수록 실력이 점점 늘게 된다.

우리는 단지 경제적인 이유로 일하는 것이 아니다. 감정이 없는 로봇의 예에서 볼 수 있듯, 어떤 일에 열정을 느끼지 못하면 결국 흥미를 잃는다. 그리고 감정은 행동으로 이어진다. 감정은 우리를 움직이는 연료다.

♦ 나는 무엇을 하고 싶은가?

심리학자 에이브러햄 매슬로는 언젠가 이런 말을 했다.

"가장 아름다운 운명, 누구에게나 일어날 수 있는 가장 놀라운 행운은 열정을 쏟을 수 있는 일을 하는 것이다."

어떤 일이 궁극적인 가치에서 우리에게 그러한 '행운'을 가져다줄지 알기는 쉽지 않다. 이때 사람과 일의 관계를 조사한 연구가 도움이 된다.

심리학자 에이미 브제스니에프스키와 동료들의 연구에 따르면 사람들은 일을 노역, 출세, 소명 중 하나로 생각한다.[2]

먼저 자신이 하는 일을 노역으로 생각하는 사람은 자아실현보다 경제적 보상에 초점을 맞추고 직장을 지루한 일을 해야 하는 곳으로 인식한다. 그들이 출근하는 이유는 회사에 가고 싶어서가 아니라 가야 해서다. 월급 받는 것 말고는 직장에 기대하는 것이 없으며 주말이나 휴가만을 기다린다.

자신이 하는 일을 출세로 생각하는 사람은 주로 돈과 성공, 힘과 지위 같은 외부 요인에 따라 움직인다. 전임 강사는 교수로, 평교사는 교장으로, 부사장은 사장으로, 편집자는 편집장으로 승진과 승격하기를 기다린다.

자신이 하는 일을 소명으로 생각하는 사람에게는 일 자체가 목적이다. 보수도 중요하고 출세도 중요하지만, 무엇보다 그가 일하는 이유는 스스로 원해서다. 그는 내적 동기에 따라 움직이고 스스로 일어 만족한다. 그의 목표는 자기일치적이다. 열심히 일하고 일에서 자아실현을 한다. 일하는 것을 의무가 아닌 특권으로 인식한다.

> **생각해보기**
>
> 당신은 지금 하는 일을 노역, 출세, 소명 중 무엇으로 생각하는가? 과거에 했던 다른 일에 대해서도 같은 질문을 해보자.

우리가 일을 노역, 출세, 소명 중 무엇으로 인식하는가는 직장뿐 아니라 다른 분야에서 느끼는 행복에도 영향을 준다. 브제스니에프스키는 이렇게 주장했다.

"삶과 일에서 얻는 만족은 자신이 하는 일을 소득원으로 보는지 특권으로 보는지에 따라 달라질 수 있다."

자신의 소명을 발견하기 위해서는 의식과 의지가 필요하다. 우리는 그동안 하고 싶은 일보다 잘하는 일을 선택해야 한다고 교육받았기 때문이다.

물론 진로를 선택할 때 "나는 무엇에 소질이 있는가?"라는 질문도 중요하지만 그보다 먼저 "어떤 일이 나에게 의미와 즐거움을 주는가?"를 물어야 한다. 가장 먼저 "나는 무엇을 할 수 있는가?"라고 묻는다면 이는 돈과 지위처럼 측정할 수 있는 가치를 우선하는 것이다. 반면 "나는 무엇을 하고 싶은가?"라고 묻는다면 이는 어떤 일이 자신에게 의미와 즐거움을 주는지 묻는 것으로 궁극적인 가치를 추구하는 것이다.

♦ 3가지 키워드, 의미와 즐거움과 장점

우리의 열정과 장점을 활용할 수 있는 적절한 일을 발견하기란 쉽지 않다. 우선 다음의 3가지 기본적인 질문(MPS 질문)에 답하는 것으로 시작해보자.

"무엇이 나에게 의미Meaning를 주는가?"
"무엇이 나에게 즐거움Pleasure을 주는가?"
"나에게 어떤 장점Strengths이 있는가?"

그리고 그 답에서 공통분모를 찾아보면 어떤 일이 자신을 가장 행복하게 해줄지 판단하는 데 도움이 될 것이다.[3]

이 3가지 질문에 답하기 위해서는 단순히 머릿속에 떠오르는 대로 적는 것이 아니라 좀 더 분명한 의식을 느껴야 한다. 예를 들어 어떤 일에 의미를 느끼는지 생각해보자. 우리는 대부분 이런 질문에 틀에 박힌 답을 한다. 물론 그것이 틀린 답은 아니지만 우리가 의미를 느끼는 경험의 범위가 충분히 드러나지 않을 때가 더 많다. 따라서 지금까지 살아오면서 진정한 도적의식을 느꼈던 순간을 돌아보고, 그 순간에 어떠했는지 깊이 생각하는 시간을 가져야 한다.

3가지 질문에 답할 때 시간을 두고 충분히 생각해볼수록 좋다. 아주 긴 목록이 나올 수도 있고 공통분모가 금방 드러나지 않을 수도 있기 때문이다.

♦ MPS 질문 활용하기

다음 페이지의 그림은 의미, 즐거움, 장점에 관해 질문하고 그 답을 찾는 것이 어떻게 행복과 성공으로 이어질 수 있는지를 보여주려고 간단하게 만든 것이다. 실제로 우리가 만드는 목록은 아마 좀 더 뒤죽박죽이고 분명하지 않을 것이다.

이를테면 나는 문제 해결, 글쓰기, 아이들과 공부하기, 정치적 행동주의, 음악에서 의미를 얻는다. 항해, 요리, 독서, 음악, 아이들과 놀기에서 즐거움을 느낀다. 나의 장점을 말하라면 유머 감각, 열정, 아이들과 소통하기, 문제 해결을 꼽을 수 있다.

의미, 즐거움, 장점에서 나타나는 공통분모는 무엇인가?

다음 페이지의 그림을 보면 나는 아이들과 함께하는 일에서 의미와 즐거움을 느끼며 또한 적성에 맞는다는 것을 알 수 있다. 어떤 일이 자신에게 가장 잘 맞는지 알기 위해서는 자신의 성격과 생활의 여러 측면도 고려해야 한다.

예를 들어, 나는 준비성이 철저해서 일주일 동안 할 일을 미리 계획한다. 따라서 규칙적인 일과를 선호한다. 여행을 좋아하므로 긴 휴가를 보낼 수 있는 일을 하는 것도 중요하다.

그렇다면 아이들과 함께하는 일 중에서 어떤 일이 규칙적인 일과와 긴 휴가를 제공해줄 수 있는가? 어떤 일에 나의 열정과 유머 감각, 독서와 문제 해결과 같은 장점이 필요한가? 이러한 것들을 어떤 일에 최대한 활용할 수 있는가? 이 모든 요인을 고려하면 영어 교사가 되는 것을 떠올릴 수 있다. 이런 식으로 생각해보면 궁극적인 가치에서 가장 적합한 일이 무엇인지 알 수 있다.

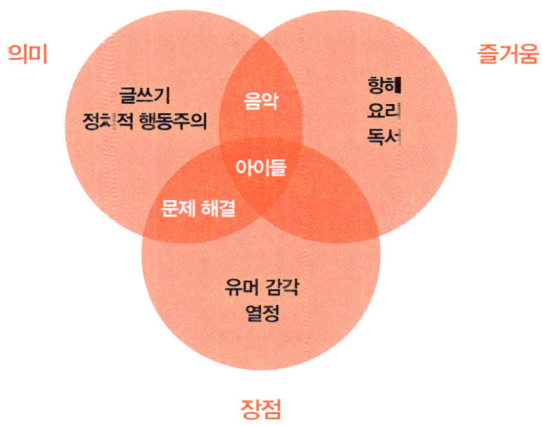

　의미와 즐거움, 장점에 관해 질문하는 방법은 생활의 여러 영역에서 중요한 결정을 내릴 때도 도움이 된다. 예를 들어 학교에서 과목을 선택할 때 미래의 경력에 도움이 되면서 재미를 느낄 수 있고 잘할 수 있는 과목 중에서 겹치는 것이 있는지 찾아볼 수 있다.

　경영자가 직원들과 조직을 위해 어떤 결정을 내릴 때 앞의 3가지 질문을 해볼 수 있다. 직원들이 의미와 즐거움을 느끼고 저마다 장점을 활용할 수 있는 일을 한다면 더욱 열심히 일할 것이다. 이 방법은 새로운 직원을 채용할 때 요긴하게 사용할 수 있다. 경영자에게는 직원들의 욕구를 충족시키고 그들의 장점을 활용하는 것이 무엇보다 중요하다. 그러자면 직원을 채용할 때 그들의 욕구와 회사가 제공하는 것이 서로 일치하는지 알아봐야 한다.

♦ 누구나 행복하게 일할 수 있다

앞에서 설명한 방법은 우리가 하는 일을 스스로 선택할 수 있다는 것을 전제로 한다. 하지만 만일 선택할 수 없는 형편이라면? 외부 요인 때문에 지금 하는 일을 그만둘 수 없거나 의미, 즐거움, 장점의 3가지 기준에 맞는 일을 할 수 없는 형편이라면?

어떤 직업이나 지위와 관련된 외부 요인은 우리의 장점을 끌어내고 의미와 즐거움을 주기도 한다. 예를 들어 의사는 자신이 중고차 딜러보다 더 의미 있는 일을 한다고 주장할 수 있다. 에이미 브제스니에프스키와 제인 더튼의 연구는 조직에서 계급이 높아질수록 일을 소명으로 생각하는 경향이 있다는 것을 보여줬다.

하지만 CEO든 말단 사원이든, 의사든 판매원이든 간에 사람은 누구나 궁극적인 가치를 최대한 생산하는 방식으로 일을 바꿀 수 있다. 즉, 노역이 아니라 소명으로 만들 수 있다. 에이미 브제스니에프스키와 제인 더튼은 이렇게 이야기했다.

"가장 제한적이고 단조로운 일을 한다고 해도 그 일의 본질에 어느 정도 변화를 줄 수 있다."

병원 청소부들을 대상으로 연구한 결과, 일을 따분하고 무의미한 노역이라고 생각하는 그룹과 흥미로우며 의미가 있다고 생각하는 그룹으로 나눌 수 있었다.

두 번째 그룹의 병원 청소부들은 일을 창조적인 방식으로 가꿨다. 그들은 간호사, 환자, 방문객 들과 좀 더 긴밀한 관계를 맺고

자진해서 환자와 병원 직원들을 기분 좋게 해주려고 애썼다. 일을 넓은 맥락에서 생각하고 적극적으로 의미를 부여했다. 단지 쓰레기를 치우고 빨래를 세탁하는 것이 아니라, 스스로 환자들의 건강과 병원의 원활한 운영에 보탬이 된다고 생각했다.

궁극적인 가치를 추구하는 문제에서는 일을 인식하는 방식이 일 자체보다 더 중요할 수 있다. 자신이 하는 일로 세상을 바꿀 수 있다고 믿는 병원 청소부는 일에서 의미를 느끼지 못하는 병원 의사보다 행복할 수 있다.

연구자들은 미용사, IT 기술자, 간호사, 요리사를 대상으로 한 연구에서도 유사한 경향을 찾아냈다. 지금 하는 일을 가꾸는 사람들은 고객이나 동료 직원들과 의미 있는 관계를 형성했다.

엔지니어들 역시 마찬가지였다. 일의 기술적인 면을 넘어서 솔선수범해 팀을 이루고 관계를 맺어 조직이 원활하게 움직인다고 생각하는 사람들은 자신이 회사의 성공에 중요한 역할을 한다고 느꼈다. 따라서 그들은 일을 노역이 아닌 소명으로 생각했다.

생각해보기

당신은 지금 하는 일을 가꾸면서 하고 있는가? 그렇다면 어떤 변화를 가져올 수 있겠는가? 지금 하는 일에서 의미를 발견해보자.

♦ 나는 무엇을 하지 않고는 살 수 없는가?

"진실이 문을 두드리면 우리는 '가버려, 나는 진실을 찾고 있어'라고 소리쳐서 쫓아낸다."

로버트 M. 퍼시그의 《선을 찾는 늑대》에 나오는 말이다.

우리는 때때로 바로 눈앞에 있는 즐거움과 의미의 풍부한 원천을 알아보지 못한다. 행복의 가능성은 우리 주위에 널려 있지만 다른 곳에 정신이 팔리면 그것을 알아보지 못하고 그냥 지나쳐버릴 수 있다. 가능성을 현실로 만들려면 먼저 가능성의 존재를 인식해야 한다.

행복은 단지 어떤 일이나 장소에 우연히 따라오는 것이 아니라 우리가 어디에 초점을 맞추는지에 달려 있다. 일이나 대인관계와 무관하게 불행한 사람들이 있는데, 그들은 어떤 외부의 변화가 자신의 내부에 영향을 줄 것이라고 착각하기 때문이다.

랠프 월도 에머슨은 "이 세상은 우리가 마음먹기에 따라 지옥이 될 수도 있고 천국이 될 수도 있다"라고 말했다. 사람들은 같은 사건을 저마다 다른 방식으로 인식하고 경험한다. 어디에 초점을 맞추냐에 따라 학교나 직장에서 우리가 하는 일을 즐길 수도 있고 그렇지 못할 수도 있다.

예를 들어 불행하다고 느끼는 투자은행가라도 자신이 하는 일에서 의미 있고 즐거운 면에 초점을 맞추기로 한다면 의미와 즐거움을 끌어내는 법을 배울 수 있다.

하지만 많은 사람이 그렇듯, 주로 물질적 보상에 초점을 맞춘다면 행복을 유지하기는 어렵다. 이처럼 인식의 변화는 커다란 차이를 만들 수 있다.

미용사와 병원 직원, 엔지니어에 관한 연구에서 분명하게 알 수 있듯, 어디에 초점을 맞추냐에 따라 우리가 하는 일에서 값진 보석을 발견할 수 있다.

"좋거나 나쁜 것은 없다. 단지 우리가 그렇게 생각하는 것이다" 라는 햄릿의 주장은 대체로 일리가 있다.

그러나 우리의 인식이 어디에 초점을 맞추는지가 중요하다는 말이 누구든지 어떤 상황에서나 행복을 발견할 수 있다는 의미는 아니다.

예를 들어 투자은행가에서 교사에 이르기까지 무슨 일을 하든지 의미와 즐거움을 찾지 못하는 사람도 있다. 게다가 어떤 직장이나 관계, 국가가 너무 강압적이어서 그 안에서 행복해진다는 것이 불가능할 수도 있다. 행복은 내부의 산물일 뿐 아니라 외부의 산물이며, 우리가 인식하는 것뿐 아니라 실제로 추구하는 것도 중요하다.

우리 대부분은 비교적 만족스러운 직장이나 직업을 찾을 수 있고 때로는 찾기도 한다. 하지만 그보다 더 잘할 수도 있다. 소명을 찾는 문제에 관해 나의 현명한 제자인 에보니 카터는 이렇게 이야기했다.

"우리가 어떤 일을 하면서 살 수 있는지에 초점을 맞추기보다 어떤 일을 하지 않고는 살 수 없는지를 생각해야 한다."

소명을 발견하려면 내면의 목소리에 귀를 기울여야 한다. 그 목소리는 우리를 소명으로 안내한다.

✅ MPS 질문해보기

앞에서 설명한 MPS 질문에 시간을 두고 깊이 생각해보자. 다음 질문에 답을 쓰고 공통분모를 찾아본다.

질문 1: 무엇이 나에게 의미가 있는가? 다시 말하면 나에게 목적의식을 주는 것은 무엇인가?

질문 2: 어떤 일이 나에게 즐거움을 주는가? 다시 말하면 나는 무엇을 하는 것을 좋아하는가?

질문 3: 나의 장점은 무엇인가? 다시 말하면 나는 어떤 일을 잘하는가?

이 질문을 거치면 우리의 평생 소명이 무엇인가 하는 거시적 수준에서부터 하루하루를 어떻게 보낼 것인가 하는 미시적 수준까지 우리가 어떤 길을 가야 하는지 판단하는 데 도움이 된다.

거시적 수준과 미시적 수준은 서로 관련 있지만 직장을 그만두거나 안전한 진로를 포기하는 것처럼 거시적 수준의 변화는 더 어렵고 더 많은 용기가 필요하다. 반면 미시적 수준의 변화는 예를 들어 일주일에 2시간씩 취미생활을 하기로 정하는 것처럼 그다지 어렵지 않으면서 궁극적인 가치에서 높은 보상을 받을 수 있다.

✓ 의미와 즐거움 끌어내기

삶을 바꾸고 삶의 질을 높이는 방법은 의미 있고 즐거우며 우리가 잘하는 새로운 활동을 시작하는 것이다. 또 다른 방법은 궁극적인 가치를 위해 이미 하는 일에서 보석을 채굴하는 것이다. 그 보석을 발견하기 위해서는 그다지 깊이 들어가지 않아도 된다.

일에 편견을 갖고 있거나 의미 있는 일의 종류를 너무 제한하면 행복을 위한 가능성이 주변에 얼마든지 있는데도 보지 못할 수 있다. 이 연습은 숨겨진 보석을 확인하고 개발하는 데 유용하다.

하루나 이틀 정도 평소 자신이 어떤 생활을 하고 있는지 자세히 적어보자. 3장의 인생 도표 그리기처럼 자신의 일과를 표로 만든다. 또는 특별히 일을 위한 시간표를 만든다. 이제 그 표를 보면서 다음의 질문을 해보자.

첫째, 당신이 하는 일의 일정표를 일부 바꿀 수 있는가? 의미 있고 즐거운 활동을 늘리고 지루한 일을 줄일 수 있는가?

둘째, 실제로 어떤 새로운 변화를 시작할 수 있는지와 상관없이 당신이 지금 하는 일에서 어떤 의미와 즐거움을 느끼고 있는지 말해보자.

앞에서 언급한 병원 청소부나 미용사, 엔지니어는 궁극적인 가치를 좀 더 생산하는 방식으로 자신이 하는 일을 가꿨다. 그들이 물론 일이나 일터 자체를 바꾼 것은 아니었다. 다만 일에서 어떤 요소들, 예를 들어 매일 만나는 사람들과의 관계에 빛을 비춤으로써 의미와 즐거움을 이끌었고 그로 인해 일터에서 좀 더 행복해질 수 있었다.

이제 앞의 질문을 바탕으로 당신의 '직무 설명서'를 '소명 설명서'로 다시 작성해보자. 이때 다른 사람들이 그 일을 하고 싶다고 느끼도록 적는다. 거짓 선전을 하라는 것이 아니라 그 일에서 얻을 수 있는 즐거움과 의미를 조명해보라는 말이다. 일을 인식하는 방식, 다른 사람들에게 설명하는 방식은 우리가 그 일을 경험하는 방식에 큰 차이를 낳을 수 있다.[4]

8장

관계, 지속적인 행복을 가져다주는 힘

긍정심리학을 선도하는 심리학자 에드 디너와 마틴 셀리그먼은 '아주 행복한 사람들'과 '덜 행복한 사람들'을 비교 관찰했다. 이들의 유일한 차이는 '풍부하고 만족스러운 사회적 관계'의 존재 유무에 있었다. 친구, 가족 또는 연인과 함께 의미 있는 시간을 보내는 것은 행복을 위한 필요조건이다(그 자체로 충분조건은 아니지만).

우리와 삶을 함께하며 인생의 대소사, 생각, 감정을 함께 나누는 사람들이 있다는 것은 삶에서 느끼는 의미를 깊게 해주고 고통을 달래주고 기쁨을 더해준다. 프랜시스 베이컨은 "기쁨은 2배가 되고 슬픔은 반절이 된다"라고 말했으며, 아리스토텔레스는 "우정이 없다면 행복도 없다"라고 말했다.

일반적으로 궁극적인 가치를 위해서는 모든 종류의 대인관계가 중요하지만 그중에서도 연인 관계가 맨 위에 있다. 행복에 관한 연구를 요약하면서 데이비드 마이어스는 이렇게 인정했다.

"공평하고 친밀하며 서로 돌봐주면서 평생을 함께하는 동반자 관계보다 강력한 행복의 조건은 없다."

연인의 사랑보다 더 많이 글로 쓰이고(시, 소설, 비소설) 더 많이 회자되는(카페, 학교, 온라인, 소파에서) 주제는 없다. 그만큼 오해가 깊은 주제도 없다.

> **생각해보기**
>
> 당신과 가장 가까운 사람들을 떠올려보자. 그들과 충분한 시간을 함께 보내는가? 어떻게 하면 그들과 더 많은 시간을 보낼 수 있는가?

♦ 무조건적 사랑이 정말 있을까?

이스라엘 전국 스쿼시 대회에서 우승하고 몇 주일이 지난 어느 날 오후, 나는 우쭐거리는 16세의 소년만이 지을 수 있는 진지한 표정으로 어머니에게 말했다.

"저는 전국 대회 우승자가 아니라 있는 그대로의 저를 원하는 여자와 만날래요."

이스라엘에 스쿼시 경기장, 선수, 팬들이 희박하다는 점을 고려했을 때 정말 여자를 잘못 만날까 걱정돼서 한 말인지 아니면 부자와 유명인이 진정한 사랑을 찾는 것이 얼마나 어려운지 불평하는 것을 흉내 내고 싶었는지는 잘 모르겠다. 사실 나는 그런 문제에는 별로 관심이 없었고 그저 누군가에게 사랑받고 싶었다.

내가 무슨 생각으로 그런 말을 했든지 간에 어머니는 그 시절에 내가 했던 다른 걱정과 마찬가지로 성실하게 답변해줬다.

"네가 전국 대회 우승자가 된 것은 너의 참모습이 반영된 것이고 무엇보다 너의 열정과 헌신이 반영된 것이란다."

어머니의 말처럼 우승은 단지 내가 갖고 있던 어떤 특성이 밖으로 드러난 것이었다. 내면이 외면으로 표출된 것이다. 하지만 있는 그대로 사랑받는 것에 관해 어머니가 한 말의 진정한 의미를 이해하기까지는 오랜 세월이 걸렸다.

'진정한 우리 자신'을 사랑해주기를 바란다는 것은 무슨 의미인가? 다시 말해 우리가 침실에서, 아이들 방에서, 교실에서 이야기하는 '무조건적 사랑'의 의미는 무엇인가? 아무 이유 없이 우리를 사랑해주는 사람을 원한다는 의미인가? 무슨 일이 있어도 사랑한다는 것인가? 사랑에는 이유가 필요 없다는 것인가?

사랑을 단순히 느낌, 감정 또는 이성과 무관한 상태로 이야기하는 것은 지나치게 사랑을 단순화한 것이다. 사랑은 이성을 바탕에

두지 않으면 유지할 수 없다. 긍정적 감정만으로 행복을 오랫동안 느낄 수 없는 것처럼, 강렬한 감정단으로는 사랑을 유지할 수 없다. 쾌락주의자는 삶에서 아무 의미를 느끼지 못하므로 행복을 유지할 수 없다.

한 남자가 한 여자와 사랑에 빠질 때는 의식적이거나 무의식적인 어떤 이유가 있다. 그는 단지 그녀를 '있는 그대로' 사랑하고 있다고 느낄지 모른다. 그녀를 사랑하는 이유를 말해달라고 하면 "모릅니다. 그냥 사랑합니다"라고 대답할 것이다.

우리는 누군가를 사랑하는 것이 머리가 아니라 마음이며, 사랑은 설명할 수 없이 신비롭고 이성을 초월한다고 배운다. 하지만 우리가 느끼는 것이 정말 사랑이라면 사랑을 느끼는 어떤 이유가 있다. 그 이유는 의식적이고 이해할 수 있는 것이 아닐지라도 분명 존재한다.

만약 누군가를 사랑하는 어떤 이유가 있다면, 우리가 사랑에 빠지는 어떤 조건이 있다면, 무조건적 사랑이 있을 수 있을까? 무조건적 사랑이라는 개념은 기본적으로 불합리한 것인가?

그것은 사랑에 빠진 사람한테서 볼 수 있는 특성이 그 사람의 핵심 자아의 표현인지 아닌지에 달려 있다.

♦ 나를 결정짓는 핵심 자아

핵심 자아는 우리의 가장 깊은 곳에 뿌리박혀 있는 가장 안정적인 특성, 즉 인격을 의미한다. 핵심 자아는 우리가 믿는 삶의 원칙을 포함하며, 우리가 하는 말과 반드시 일치하지는 않는다. 핵심 자아를 직접 관찰할 수는 없으므로 어떤 사람의 인격을 아는 방법은 겉으로 드러나는 행동을 관찰하는 것밖에 없다.

예를 들어, 친절하고 근면하고 인내심이 많고 열정적인 특성을 핵심 자아에 포함하는 사람은 불우 청소년을 돕는 기관을 설립할 수 있다. 하지만 그가 하는 일의 성공이나 실패는 외부 요인에 따라 좌우되며 '있는 그대로의 그 사람'과는 아무런 관계가 없을 수 있다. 그 일을 시작하도록 이끈 것은 그의 핵심 자아의 일부인 내면적 특성이다. 불우 청소년을 돕는 기관을 설립한 행동은 그의 핵심 자아를 반영하지만 그가 하는 일의 성공 여부는 그렇지 않다. 만약 누군가 그를 무조건으로 사랑한다면, 그가 성공하면 함께 기뻐하고 실패하면 함께 슬퍼할 것이다. 하지만 그 결과와 관계없이 그를 향한 감정은 변하지 않을 것이다. 그의 핵심 자아는 변하지 않기 때문이다.

어떤 사람을 부, 권력 또는 명예 때문에 사랑하는 것은 조건적 사랑이다. 확고한 신념, 집중력 또는 따뜻함 때문에 사랑하는 것은 무조건적 사랑이다.

> **생각해보기**
>
> 당신의 핵심 자아는 어떤 특성으로 구성돼 있는가?

♦ 무조건적 사랑의 테두리, 행복의 원

심리학자 도널드 W. 위니코트는 어머니가 지켜보는 곳에서 노는 아이들이 따로 떨어져 노는 아이들보다 놀이할 때 보여주는 창의성 수준이 더 높다는 것을 발견했다. 그는 어머니의 손길이 닿는 반경 안에서 아이들이 창의성을 보이는 공간을 '창의성의 원'이라고 불렀다.

아이들은 창의성의 원 안에서 자유롭게 모험하고, 시험하고, 넘어지면 다시 일어서고, 실패하고 성공할 수 있다. 아이들은 자신을 사랑하는 사람이 옆에 있을 때 안전하고 안정적이라고 느끼기 때문이다.

어른들은 아이들보다 독립적이므로 창의성을 높이려고 사랑하는 사람과 신체적으로 항상 가까이 있을 필요는 없다. 누군가에게 무조건적인 사랑을 받고 있다는 것을 아는 것만으로도 심리적으로 안정과 안전함을 느낄 수 있다.

무조건적 사랑은 창의성의 원과 유사한 '행복의 원'을 만들어 그 안에서 의미 있고 즐거운 일을 추구하도록 한다. 그 안에서 우리는 성공이나 명성에 개의치 않고 자유롭게 열정을 추구한다. 무조건적 사랑은 행복한 관계를 위한 기초가 된다. 만약 누군가가 나를 진정으로 사랑한다면, 그 사람은 내가 핵심 자아를 표현하고, 있는 그대로의 내가 될 수 있도록 도와주고 싶을 것이다.

♦ 행복한 관계의 필수조건, 의미와 즐거움

무조건적 사랑은 행복한 관계에 필요하지만, 그것만으로는 충분하지 않다. 의미와 즐거움, 즉 미래와 현재의 이익이 직장과 학교에서 행복을 위해 반드시 필요한 것처럼 행복한 관계를 위해서도 반드시 필요하다.

어떤 커플이 미래의 이익을 위해 만난다면, 예를 들어 두 사람이 함께하는 것이 사회적으로나 경제적으로 도움이 되기 때문에 만난다면 그들은 성취주의 관계라고 말할 수 있다. 안정되고 행복한 미래를 위해 열심히 일해야 하기에 함께 시간을 보낼 수 없다고 하는 커플도 마찬가지다. 때로는 미래를 위해 현재의 이익을 보류할 필요가 있지만 지나치면 결국 그 관계는 실패로 끝난다.

그 반대편에는 쾌락주의적 관계가 있다. 쾌락주의자가 어떤 관계를 시작하고 평가하는 기준은 주로 그 관계에서 얼마나 큰 즐거움을 얻는지에 달려 있다. 쾌락을 행복으로 착각하고 정욕을 사랑으로 착각하는 것이다. 그러나 쾌락주의자가 추구하는 즐거움은 어차피 줄어들 수밖에 없다. 즉각적인 욕구 충족을 넘어서는 의미 있는 관계가 바탕이 되지 않으면 행복을 유지할 수 없기 때문이다.

그러면 허무주의적 관계는 어떨까? 허무주의자가 결혼하는 이유는 결혼하는 것이 '적절'하기 때문이거나 친구들이 모두 결혼하기 때문이다. 그는 관계에서 많은 것을 기대하지 않고 또한 얻지도 못하면서 무료하게 겉도는 불행한 삶을 산다.

> 생각해보기

연인이나 친구 등 과거에 만났던 사람들과의 관계를 더올려보자. 그들과의 관계는 어느 사분면에 속했는가? 시간이 지나면서 어떻게 변했는가?

♦ 사랑한다면 희생하지 말자

적절한 사람을 만나면 행복해질 수 있다고 믿는 사람들도 배우자, 자녀 또는 의무감 때문에 불행해질 수 있다. 희생을 미덕으로 잘못 알고 있는 그들은 단지 의무감으로 관계를 유지하는 행위가 두 사람을 좌절과 불행에 빠뜨릴 수 있다는 것을 알지 못한다.

자신을 희생하는 사람은 시간이 지나면서 의미와 즐거움을 앗아간 배우자를 원망한다. 그의 배우자 역시 상대방이 의무감 때문에 자신과 함께 산다는 것을 알면 비참해지고 역시 그 관계에서 의미와 즐거움을 찾지 못한다.

서로 사랑하고 함께하고 싶은 관계라고 해도 희생할수록 사랑이 깊어진다는 믿음을 가진다면 행복이 무너질 수 있다.

내가 말하는 희생은 자신의 행복에서 가장 중요한 것을 포기하는 행동을 말한다. 예를 들어 어떤 여성이 남편의 해외 취업을 위해 자신이 사랑하는 일을 영원히 포기한다면 그것은 희생이다. 만약 그녀가 하는 일이 자신의 소명이라면, 그 일을 포기하는 것은 행복을 포기하는 것이다. 하지만 그 여성이 남편이 하는 중요한 일을 도우려고 일주일 휴가를 낸다면 그것은 희생이라고 할 수 없다. 그녀는 자신의 핵심 자아를 포기하지 않았으므로 행복을 포기한 것이 아니기 때문이다. 게다가 그녀의 행복은 남편의 행복과 서로 얽혀 있으므로 상대방이 행복할 때 함께 행복하다. 따라서 남편을 돕는 것은 그녀 자신을 돕는 것이다.

어떤 행동이 희생인지 아닌지, 따라서 장기적으로 관계에 해가 될지 아니면 도움이 될지 알기란 쉽지 않다. 어떤 관계가 유익한지 해로운지를 알 수 있는 유일한 방법은 그 관계를 궁극적인 가치와 관련해서 평가해보는 것이다.

관계는 궁극적인 가치를 거래하는 것이다. 모든 거래와 마찬가지로, 관계는 두 사람에게 유익할수록 더욱 발전할 수 있다. 어느 한쪽이 궁극적인 가치에서 손실을 보면, 다시 말해 끊임없이 상대방을 위해 즐거움과 의미를 포기한다면 두 사람 모두 결국에는 불행해진다. 어떤 관계에서 만족을 느끼려면 서로 공평한 거래를 한다고 느껴야 한다.

관계를 연구하는 심리학자 일레인 해트필드에 따르면 사람들은 어느 한쪽에서 너무 많이 주거나 너무 적게 주는 것을 좋아하지 않는다. 서로에게 만족하고 쌍방이 공평하게 인식할수록 관계는 더욱 발전할 수 있다.

그렇다고 해서 두 사람이 같은 월급을 받아야 한다는 말은 아니다. 관계에서 공평함은 돈이 아니라 궁극적인 가치로 측정된다.

모든 관계에서 타협은 자연스럽고 건강한 부분이며 때로는 양보하고 상대방을 위해 의미나 즐거움을 유보해야 하지만, 전반적으로 양쪽에 이익이 돼야 하고 함께 있을 때 더 행복하다고 느낄 수 있어야 한다.

> **생각해보기**
>
> 당신과 연인 또는 친구가 어떤 식으로 서로를 도울 때 더 행복해지는가? 그 관계에서 만족을 느끼려면 서로를 위해 어떤 일을 할 수 있을까?

◆ 사랑은 끝없는 이해의 여정

미국에서는 결혼한 부부의 약 40퍼센트가 이혼한다는 통계가 있다. 이는 장기적 연인 관계를 맺는 우리의 능력에 의문을 갖게 만든다. 게다가 나머지 60퍼센트도 반드시 행복하게 산다고는 말할 수 없다.

이러한 현실은 일부일처제가 우리에게 맞지 않는다는 뜻일까? 그건 아니다. 우울증 관련 통계가 우리가 불행한 삶을 살아야 하는 운명이라는 것을 보여주는 게 아니듯이 말이다.

부부가 화목하게 지낼 가능성이 없다면 이혼이 때로는 최선일지도 모른다. 하지만 종종 사랑이 무엇인지, 사랑에 수반되는 것이 무엇인지 잘못 알고 있는 탓에 이혼에 이르기도 한다.

많은 사람이 성적 욕망(정욕)을 진정한 사랑으로 착각한다. 성적 매력은 로맨틱한 사랑에 필요하지만 충분조건은 아니다. 정욕을 바탕으로 하는 관계는 오래 유지하기 힘들다. 아무리 '객관적으로' 매력적이라고 해도 또는 서로에게 '주관적인' 매력을 느낀다고 해도 처음에 느끼는 흥분은 점점 시들어간다. 이그조틱Exotic이 에로틱Erotic이 된다는 말처럼[1] 새로움은 우리의 감각을 자극하지만 시간이 지나면 자연스럽게 익숙해진다.

익숙함은 육체적 흥분을 가라앉히기도 하지만 다른 한편으로 상대방을 진정으로 알게 하고 더욱 친밀해지면서 사랑이 깊어질 뿐 아니라 더 나은 섹스로 이어질 수 있다.

성 심리치료사인 데이비드 슈나크는 그의 저서 《정열적인 부부관계Passionate Marriage》에서 섹스와 정열을 단지 생물학적 욕망의 일종으로 치부하는 통념에 도전했다. 만일 섹스가 단순히 생물학적 욕망에 지나지 않는다면 지속적이면서 정열적인 관계는 있을 수 없다는 것이 슈나크의 주장이다. 수십 년간 부부들을 상담해온 슈나크는 두 사람이 상대방을 알고 자신을 알리는 것에 초점을 맞춘다면 섹스가 더욱 나아질 수 있다고 말했다.

슈나크는 친밀한 관계로 발전하려면 상대방에게 인정과 칭찬을 받으려고 자신을 증명하기보다 자신을 있는 그대로 보여주기 위해 노력해야 한다고 했다. 어떤 관계에서 시간이 갈수록 사랑과 정열을 자라나게 하려면 상대방에게 기꺼이 자신을 드러내야 하

며, 그러려면 마음속 깊은 곳의 바람과 두려움, 환상, 꿈을 함께 나
눠야 한다. 시간이 흐를수록 부부는 상대방의 가치관, 열정, 관심,
희망을 점점 더 깊이 이해하고 상대방의 세계를 자세하게 그릴 수
있어야 한다.[2]

상대방을 알고 나를 알리는 과정은 끝이 없다. 언제나 더 많이
알 수 있고 더 많이 발견할 수 있다. 그런 관계는 흥미롭고 재미있
고 자극적이다. 나를 증명하는 것보다 상대방을 알고 나를 알리는
것에 초점을 맞춘다면 두 사람이 함께하는 시간, 즉 커피를 마시
면서 대화를 나누거나 아이들을 돌보거나 사랑을 나누는 시간이
더욱 의미 있고 즐거워질 것이다.

> **생각해보기**
>
> 상대방에게 당신을 알리는 방법과 상대방을 좀 더
> 잘 아는 방법을 생각해보자.

♦ 행복하게 살기 위한 매일의 노력

많은 사람이 성공적 관계의 열쇠는 천생연분을 만나는 것이라
고 믿는다. 하지만 사실 행복한 관계를 위해 가장 중요한 요인은
만남이 아니라 우리가 선택한 관계를 보살피는 것이다.

만남을 교제보다 중요하게 생각하는 그릇된 믿음은 영화에도
책임을 돌릴 수 있다. 많은 영화의 줄거리가 사랑을 찾는 두 사람

이 서로 만날 때까지 겪는 시련과 고난을 그린다. 그러다 마침내 두 연인이 만나서 키스하는 것으로 막이 내리면 우리는 그들이 영원히 행복하게 살 것이라고 믿는다. 이처럼 영화는 사랑의 시작으로 끝나지만 현실에서 가장 큰 도전은 그 후에 행복하게 사는 것이다. 해가 지면 어둠이 찾아오는 법이다.

사랑하는 사람을 만나면 영원히 행복하게 살 수 있다는 잘못된 생각으로 사람들은 그 이후의 여행, 다시 말해 매일 관계를 만들어가는 데에 소홀하다.

꿈에 그리던 직장에 취직됐다고 해서 이제 열심히 일하지 않아도 된다고 생각하는 사람은 없다. 그런 식으로 생각하고 게으름을 피우면 직장에서 쫓겨날 게 뻔하다. 관계에서도 진짜 어려운 일은 사랑하는 사람을 만난 후에 시작된다. 관계에서 어려운 일은 친밀함을 키워가는 것이다.

우리는 서로 알아가면서 친밀함을 키운다. 그런 다음 우리 자신뿐 아니라 상대방에게 의미 있고 즐거운 활동을 함께하면서 더욱 친밀해진다. 서로를 알고 공통의 관심사를 함께하는 시간을 보내면서 불가피한 폭풍우를 견딜 수 있고, 사랑과 행복을 위한 비옥한 땅을 제공하고 꽃을 피울 수 있는 기초를 마련한다.

✅ 감사 편지 쓰기

마틴 셀리그먼은 긍정심리학 수업에서 학생들에게 사랑하는 사람들을 위해 감사 편지를 쓰고 감사의 방문을 하라고 권한다. 나 역시 강의 시간에 이 방법을 사용하고 있는데, 간단해 보이지만 편지를 쓰는 사람이나 받는 사람 그리고 두 사람의 관계에 지대한 영향을 미친다.

감사 카드를 보내는 것도 좋지만 감사 편지는 그보다 훨씬 효과가 뛰어나다. 감사 편지를 쓰면 관계가 주는 의미와 즐거움에 관해 깊이 생각해보게 된다. 그 관계가 주는 기쁨뿐 아니라 특별한 경험과 소중한 꿈을 함께 나눌 수 있다.

관계전문가인 존 고트맨은 부부가 각자 과거에 관해 이야기하는 것을 들어보면 그들의 관계가 어떤지 짐작할 수 있다고 말한다. 만약 두 사람이 함께한 시간의 행복한 면에 초점을 맞추고 과거를 즐겁게 회상하면, 그들의 관계는 앞으로 잘될 가능성이 크다. 과거와 현재의 의미 있고 즐거운 경험에 초점을 맞추면 유대감이 강해지고 관계가 개선되기 때문이다.

감사 편지는 과거와 현재, 미래의 관계에서 긍정적인 요소들을 조명하고 강조하는 역할을 한다. 사랑하는 사람들, 연인이나 가족과 친구에게 적어도 한 달에 한두 번씩 감사 편지를 써보자.

✔ 문장 완성하기

다음의 문장을 완성하는 연습을 해보면 연인 관계나 다른 관계에서 더 큰 사랑을 발견할 수 있다. 어떤 문장은 이미 누군가를 만나고 있는 사람들을 위한 것이고 어떤 문장은 앞으로 누군가를 만나고 싶은 사람들을 위한 것이다. 그리고 대부분은 양쪽 모두를 위한 것이다.

- 사랑한다는 말의 의미는…
- 더 나은 친구가 되기 위해서는…
- 더 나은 배우자가 되기 위해서는…

- 연인과의 관계에서 5퍼센트 더 행복해지기 위해서는…
- 친구들과의 관계에서 5퍼센트 더 행복해지기 위해서는…
- 평생의 사랑을 만나기 위해서는…
- 내가 알게 된 것은…
- 내 욕망을 충족시키기 위해 좀 더 책임감 있게 행동한다면…
- 내 마음을 열고 스스로 사랑의 경험을 허락한다면…

3부

행복을 위한 명상 7가지

9장

첫 번째 명상,
이기심과 자비심

　　　　가르치는 일은 나의 소명이다. 나는 조직 간부와 대학생, 도심 지역에 거주하는 비행 청소년을 가르치고 있다. 내가 가르치는 일을 하는 이유는 그 일이 나를 행복하게 하고, 현재와 미래의 이익, 즐거움과 의미를 제공해서다. 다른 사람들에 대한 막연한 의무감으로 그 일을 해야 해서가 아니라 그 일을 사랑하고, 하고 싶어서다.

　솔직히 말하면 나는 이타주의자가 아니다. 내가 친구들과 함께 시간을 보내고 자선사업을 하는 궁극적인 이유는 그 일이 나를 행복하게 하기 때문이다. 궁극적인 가치는 이론적으로나 실천적으로나 나의 모든 행동이 지향하는 목적이다.

우리의 행동은 이기심에서 나오며, 행복을 위해 행동한다고 말하면 어떤 사람들은 불편하게 느낄지도 모른다. 그러한 불편함을 느끼는 밑바탕에는 알게 모르게 '의무감이 곧 도덕적'이라는 믿음이 깔려 있다.

18세기 독일의 철학자 이마누엘 칸트는 "어떤 행동이 도덕적 가치를 갖기 위해서는 그 행동이 의무감에서 비롯돼야 한다"라고 말했다. 이기심에서 비롯된 행동은 도덕적 행동이 될 수 없다는 것이다. 칸트에 따르면 어떤 사람이 단지 누군가를 돕고 싶어서 돕는다면, 그것이 그를 행복하게 하기에 그가 하는 일은 도덕적 가치가 없다.

칸트처럼 자기희생을 도덕의 기초라고 주장하는 대부분의 철학과 종교는 우리가 이기적으로 행동하면 불가피하게 다른 사람에게 해를 끼치게 된다고 가정한다. 우리가 이기적 성향과 싸우지 않는다면 우리의 목적을 위해 다른 사람들을 다치게 하고 무시하게 된다는 것이다.

하지만 그러한 주장이 간과하고 있는 점은 다른 사람들을 돕는 것과 스스로 돕는 것 사이에서 선택할 필요가 없다는 사실이다. 그 둘은 서로 배타적인 것이 아니다. 철학자 랠프 월도 에머슨은 이렇게 말했다.

"우리 자신을 돕지 않고는 실제로 다른 사람을 도울 수 없다는

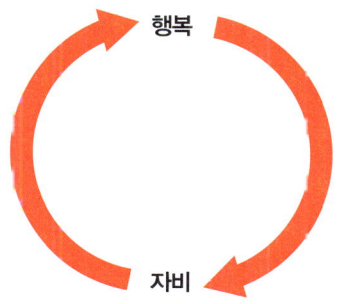

것은 삶에서 가장 아름다운 조화다."

우리 자신을 돕고 다른 사람들을 돕는 것은 서로 얽히고설켜 있다. 다른 사람들을 더 많이 도울수록 우리는 더 행복해지고, 우리가 행복해질수록 다른 사람들을 더 돕고 싶어진다.

생각해보기

당신이 누군가에게 도움을 줬던 일을 돌이켜보자. 그때 느꼈던 감정을 되살려보자.

다른 사람들을 행복하게 하는 일은 우리에게 의미와 즐거움을 주므로 그들을 돕는 것은 행복한 삶을 위해 필요하다. 물론 다른 사람들을 돕는 것과 그들의 행복을 위해 사는 것은 다르다는 사실을 염두에 둬야 한다. 만약 우리의 행복을 우선으로 돌보지 않는다면 자신에게 상처를 주게 되고, 그것이 계속되면 다른 사람들을 돕고 싶은 마음도 사라질 것이다. 불행한 사람은 자비를 베풀기 어렵고 그래서 더욱 불행해진다.

바바라 프레드릭슨의 연구는 긍정적인 감정들이 우리의 관심 범위를 확대한다는 것을 보여준다. 우리는 행복할 때 편협하고 내향적이고 자기중심적인 사고를 넘어서 다른 사람들이 필요로 하고 바라는 것에 초점을 맞추게 된다. 앨리스 아이젠과 제니퍼 조지의 연구에서 우리는 기분이 좋을 때 다른 사람들을 도와주고 싶어 한다는 것을 알 수 있다.

우리는 자신에게 의미와 즐거움을 주면서 다른 사람들을 도울 수 있는 일을 할 때 가장 행복하다고 느낀다. 어떤 일을 선택할 때는 그 일을 하면 행복해질 수 있는지를 가장 먼저 생각해야 한다. 그다음에 우리가 하려는 일이 다른 사람들의 행복 추구에 해가 되지 않는지 생각해야 한다. 만일 다른 사람들의 행복에 해가 된다면 우리의 행복에도 해가 될 것이다. 만일 우리가 다른 사람들에게 해를 입힌다면 동정심과 정의에 따라 궁극적인 가치에서 그 대가를 치를 수 있다.[1]

의무감이 도덕적이라고 믿는다면 의미를 발견하기 위해서는, 다시 말해 도덕적 삶을 살기 위해서는 희생이 요구된다. 희생은 당연히 즐겁지 않다. 만일 즐겁다면 더는 희생이 아니다. 따라서 의무감의 도덕성은 의미와 즐거움을 서로 분리한다.

하지만 행복은 현재와 미래의 이익, 의미와 즐거움, 자기 자신을 돕는 것과 다른 사람들을 돕는 것 중 어느 하나를 희생해야 하는 것이 아니다. 행복은 그 모든 요소를 포함하며 그 모든 요소가 조화를 이루는 삶을 창조하는 것이다.

✅ 자비심을 기르는 명상

2장에 나오는 '행복을 부르는 명상'에 따라 긴장을 풀고 평온한 상태로 들어가자.

당신이 어떤 사람에게 자비로운 행동을 하고 호의를 베풀었던 경험을 돌이켜보자. 마음의 눈으로 그 사람이 당신의 행동에 어떻게 반응하는지 보자. 그러한 반응을 보면서 당신이 느끼는 감정에 주목해보자. 다른 사람의 반응을 보고 자신의 감정을 경험하면서 자기 자신을 돕는 것과 다른 사람을 돕는 것을 구분하는 벽을 무너뜨리자.

이번에는 앞으로 다른 사람들을 어떻게 도와줄 수 있을지 생각해보자.

친구와 의견을 나누거나 연인에게 꽃을 선물하거나 아이에게 책을 읽어주거나 당신이 믿는 대의를 위해 기부를 할 수도 있다. 각각의 자비로운 행동을 하면서 느낄 수 있는 깊은 행복감을 경험해보자.

만약 규칙적으로 명상을 한다면, 행복을 부르는 명상에 덧붙여서 가끔 자비심을 기르는 명상을 함께 실천해보자. 다른 사람을 도와줬을 때 느꼈던 특별히 행복했던 순간을 떠올려보는 것이다.

10장

두 번째 명상, 행복촉진제

완벽한 세상이 있다면 그곳에서는 매일 의미 있고 즐거운 활동을 하면서 시간을 보낼 수 있을 것이다. 하지만 우리가 사는 세상에서는 대부분이 그럴 수 없다. 혼자 아이들을 키우는 어머니라면 하고 싶은 일보다 보수가 높은 일을 선택할 수밖에 없다. 아이들의 의식주와 교육이 무엇보다 우선이기 때문이다.

자유로운 선택을 할 수 있는 사람도 미래의 보상을 위해 현재의 즐거움을 보류하기도 한다. 예를 들어 대학을 갓 졸업한 사회 초년생은 컴퓨터 앞에서 하루 8시간씩 보내는 것이 즐겁지 않지만, 경력을 쌓기 위해 2년 동안 투자은행에서 일할 수도 있다. 무한정 만족을 보류하는 성취주의의 함정에 빠지지만 않는다면, 행복이 가장 높은 곳에 있는 목표라는 점을 기억하고 2년 정도 기다리는 것은 적절한 선택이 될 수 있다.

부유하거나 가난하거나, 젊거나 늙거나 누구든지 행복하지 않을 때가 있는 법이다. 시험을 좋아하는 학생은 거의 없으며, 아무리 좋은 직장이라도 하고 싶지 않은 일을 해야 할 때가 있다. 필요에 따라 하는 일이든 선택에 따라 하는 일이든 항상 즐겁게 일할 수는 없다.

다행히 시험공부를 하고, 직장에서 지루한 일을 하고, 경력을 쌓기 위해 2년 동안 개인 시간을 포기하고, 22년 동안 아이들을 부양해야 하는 그런 시간 때문에 우리 인생 전체가 불행해지는 것은 아니다.

케넌 셸던과 린다 하우저마르코의 연구 결과는 자기일치적 목표를 추구하는 것, 다시 말해 개인적으로 의미 있는 활동에 종사하는 것은 그러한 활동과 직접 관련이 없는 다른 영역의 경험에도 영향을 미친다는 사실을 보여준다.

"흥미와 의미를 느끼는 목표를 설정할 수 있는 사람들은 실제로 삶의 모든 영역에서 좀 더 효율적이고 융통성 있고 성실하게 자신의 역할을 다한다. 그러한 목표와 관련해서 느끼는 자신감과 열정, 보람이 다른 영역에도 영향을 미치기 때문이다."[1]

의미 있고 즐거운 활동은 어두운 방을 밝히는 촛불과 같은 역할을 한다. 작은 불꽃 한두 개가 방 전체를 밝히는 것처럼 한두 가지 행복한 경험은 힘든 시기를 넘길 수 있게 한다. 나는 잠깐이지만 변화를 일으키는 그러한 경험들, 몇 분에서 몇 시간에 걸쳐서 우리에게 의미와 즐거움뿐 아니라 미래와 현재의 이익을 안겨주는 활동들을 '행복촉진제'라고 부른다.

행복촉진제는 우리에게 영감과 활기를 주며, 앞에서 끌어주고 뒤에서 밀어주는 역할을 한다.

홀어머니는 아이들과 함께하는 주말 소풍을 행복촉진제로 삼아서 직장생활을 포함해 삶의 경험을 전반적으로 바꿀 수 있다. 그 소풍은 한 주를 열심히 일하게 하는 힘을 줄 것이다. 젊은 투자은행가는 일주일에 2시간씩 마을 문화회관의 경영 문제를 도와주고 저녁에는 친구들과 시간을 보내면서 힘들고 지루한 2년간의 직장생활을 견딜 수 있다.

얼마 전 나는 어느 일류 컨설팅 회사의 파트너와 만났다. 50대인 그는 은퇴를 꿈꾸지만 자신과 가족에게 익숙한 지금의 생활방식을 포기하고 싶지는 않았다. 그래서 그는 업무량을 줄이고 행복촉진제가 될 수 있는 활동을 시작했다.

현재 그는 매주 이틀은 가족과 저녁 시간을 함께 보내고 나머지 날에는 테니스를 치거나 책을 읽는다. 출장 기간에는 테니스를 치는 대신 체육관에 가서 운동한다. 모교인 고등학교 이사회에서 활동하며 차세대 교육을 위해 보탬이 된다는 보람을 느낀다. 그는 고객과 약속한 회의에 반드시 참석하는 것처럼 가족과 학교 이사회, 자신과의 약속을 꼭 지킨다. 만약 완벽한 세상에 살게 된다면 그는 자신이 좋아하는 일을 하면서 행복하겠지만, 그래도 지금 이전보다 훨씬 더 행복하게 살고 있다.

생각해보기

당신의 행복촉진제는 무엇인가? 어떤 간단한 활동들이 당신에게 의미와 즐거움을 주고 활력을 되찾아주는가?

♦ 작은 변화로 시작하라

행복촉진제는 변화를 시도하는 과정에서 도움이 될 수 있다. 어떤 행동을 새로 시작하거나 바꾸려고 할 때 기존의 습관은 좀처럼 사라지지 않는다. 17세기 영국 시인 존 드라이든은 "처음에는 우리가 습관을 만들지만 나중에는 습관이 우리를 만든다"라고 했다.

성취주의자의 삶이 몸에 밴 사람은 그런 생활방식을 버리기가 어렵다. 쾌락주의자의 삶 역시 파괴적이면서 동시에 중독성이 있어서 벗어나기가 쉽지 않다. 따라서 삶의 질을 바꿀 수 있는 쉽고 확실한 방법은 행복촉진제를 점차 도입하는 것이다.

비교적 간단한 경험에서 시작하는 것이 한꺼번에 삶을 바꾸는 것보다 덜 부담스럽고 저항도 적다.

예를 들어 투자은행가에서 교사로 전직할 계획이라면 일주일에 한 번씩 자원봉사를 하면서 실제로 교사로 일하는 것이 자신에게 미래와 현재의 이익을 줄 수 있는지 확인해본다. 반대로 교사로 일하는 것이 행복하지 않고 금융시장에서 일하고 싶은 사람은 여가에 주식을 공부하면서 실제로 그 일이 자신을 더 행복하게 해주는지 확인할 수 있다.

이처럼 행복촉진제를 이용하면 시행착오를 거치면서 안전하게, 자신이 하고 싶은 일이 무엇인지 시험해볼 수 있다.

♦ 행복을 위한 재충전

마음 같아서는 누구나 하루를 행복한 경험으로 가득 채우고 싶을 것이다. 그러나 그런 삶은 가능하지 않다. 대부분이 저녁 시간이나 주말이 돼야 현재와 미래에 이익을 주는 활동을 할 수 있다.

그런데 사람들이 흔히 저지르는 실수가 여가에 적극적으로 행복을 추구하기보다는 수동적 즐거움을 선택한다는 것이다. 직장이나 학교에서 힘든 하루를 보내고 나면 즐겁고 의미 있는 활동을 하기보다 텔레비전 앞에서 빈둥거리곤 한다. 그렇게 아무 생각 없이 시간을 보내다가 잠을 청한다. 그런 날이 계속되다 보니 하루 일을 끝내고 나면 너무 피곤해서 아무것도 하기 싫다는 생각이 점점 굳어진다.

만약 퇴근 후에 도전적이고 흥미로운 활동이나 취미를 즐긴다면 기분 전환이 되고 감정적으로 재충전을 할 수 있다. 교육학자인 마리아 몬테소리는 "좋아하는 일을 열심히 하는 것이 휴식을 취하는 것이다"라고 말했다. 행복촉진제는 우리의 힘을 앗아가는 것이 아니라 활력을 더해준다.

✅ 행복촉진제 목록 만들기

일주일 동안 할 수 있는 행복촉진제의 목록을 만들어본다. 이때 일상에서 할 수 있는 '일반' 촉진제(가족이나 친구와 시간 보내기, 책 읽기 등)와 우리 삶에 더 큰 변화를 가져올 수 있는지 알아보는 '탐색' 촉진제(일주일에 한 번 학교에서 봉사하기 등)를 포함한다. 매일의 일정표에 행복촉진제를 추가하고 습관으로 만든다.

11장

세 번째 명상,
좀 더 행복해지기

나의 아내 타미는 행복의 높이와 깊이를 이렇게 구분한다. "행복의 높이는 올라가기도 하고 내려가기도 하는 행복 수준의 변동을 의미하고, 행복의 깊이는 거의 변함없는 행복의 고정적 수준을 의미한다."

예를 들어 성취주의자가 목표를 달성한 후에 경험하는 안도감은 잠시뿐이다. 그 기분은 전반적인 행복 수준에 큰 영향을 미치지 않는다. 행복의 깊이는 나무뿌리와 같이 흔들리지 않는 기초를 제공한다. 반면 행복의 높이는 나뭇잎과 같아서 한때 아름답고 싱그럽지만, 계절과 함께 변하고 시들고 떨어진다.

많은 철학자와 심리학자가 행복의 깊이가 변할 수 있는지 아니면 고정적이고 궁극적인 가치 수준을 중심으로 오르내리는 것인지를 질문해왔다.

맥스웰 몰츠는 이제는 고전이 된 《성공의 법칙》에서 행복 수준을 관리하고 점검하는 일종의 자동 온도 조절기와 같은 우리 내부의 메커니즘에 관해 이야기했다.

몰츠에 따르면 내부 메커니즘은 고정돼 있어 평생 변하지 않는다. 올라가거나 내려가더라도 어느새 다시 기본 수준으로 돌아간다. 물론 우리는 복권에 당첨되거나 원하던 직장에 취직하면 기뻐하고, 돈을 잃거나 원하던 직장에 취직하지 못하면 슬퍼한다. 하지만 이런 감정은 아주 잠깐일 뿐이다. 우리가 경험하는 행복의 깊이는 변하지 않으며 곧 평소의 행복 수준으로 돌아간다.

이와 관련해 서로 떨어져서 자란 일란성 쌍둥이가 비슷한 성향을 갖는다는 유명한 미네소타 쌍둥이 연구와 행복의 기본 수준이 있음을 보여주는 연구가 있다. 일부 심리학자들은 이 연구를 통해 우리의 행복 수준이 유전자와 초기 경험으로 결정되며 어른이 된 후에는 행복 수준을 통제할 수 없다고 주장한다. 심리학자 데이비드 리켄과 아우케 텔리건은 이렇게 말했다.

"좀 더 행복해지겠다고 노력하는 것은 키가 더 크겠다고 노력하는 것만큼 부질없고 따라서 비생산적이다."

그러나 행복의 몫이 미리 정해져 있다는 이러한 주장은 잘못된 것이다. 그들은 행복의 기본 수준이 변할 수 있다는 것을 보여주는 많은 증거를 무시한다.

어떤 사람은 심리치료를 통해 전에는 느끼지 못했던 행복을 발견한다. 예를 들어 뛰어난 심리치료사는 사람들이 궁극적인 가치를 발견하도록 도와준다. 또는 친구나 책, 예술품이나 아이디어 같은 어떤 우연한 만남이 우리의 삶을 더 나은 방향으로 변화시킬 수 있다.

> **생각해보기**
>
> 지금까지 어떤 경험과 어떤 사람이 당신을 좀 더 행복하게 해줬는가?

어떤 사람이 다른 사람보다 좀 더 느긋한 성향을 갖고 태어나는 것처럼 우리의 행복 수준에 유전적 요인이 작용하기는 하지만, 유전자는 어느 한 점이 아닌 범위를 결정한다. 불행한 사람은 행복한 사람과 같은 인생관을 가질 수 없고 비관론자가 갑자기 낙천주의자로 변할 수 없을지 모르지만, 누구나 지금보다 훨씬 더 행복해질 수 있다. 하지만 대부분이 행복해질 수 있는 능력을 충분히 발휘하지 못하고 있다.

소냐 류보머스키와 케넌 셸던, 데이비드 슈케이드는 행복학에 관한 평론에서 사람들의 행복 수준은 주로 '유전적 요인, 환경적 요인, 활동과 습관' 3가지에 따라 결정된다고 주장했다.

유전적 요인은 우리도 어쩔 수 없고 때로는 통제할 수 없는 환경에 처하기도 하지만 세 번째 요인인 활동과 습관은 대부분 어느 정도 통제할 수 있다. 류보머스키와 동료들에 따르면 이 세 번째 요인이 행복에 가장 크게 기여한다. 의미 있고 즐거운 활동을 추구한다면 행복 수준을 크게 높일 수 있다.

♦ 우리는 언제나 좀 더 행복해질 수 있다

행복의 깊이가 정해져 있다고 주장하는 심리학자들은 '평균의 오류'를 범하고 있다. 그들은 기준에 미치지 못하는 사람들을 무시하고 일반적인 결론을 도출한다. 미네소타 쌍둥이 연구에서조차 모든 일란성 쌍둥이의 행복 수준이 같지 않았으며, 다른 연구에서도 모든 사람이, 즉 모든 연구 대상자가 행복의 기본 수준으로 돌아간 것은 아니었다.

평균은 필연적이거나 보편적 진리가 아닌 추세에 불과하다. 종종 우리에게 진실을 알려주는 것은 평균 밖에 있는 예외의 사람들이다. 일부 사람들의 행복 수준이 평생에 걸쳐 점점 높아진다는 사실은 자동 온도 조절기의 눈금을 바꿀 수 있다는 것을 보여준다. 그러므로 우리가 관심을 둬야 하는 문제는 더 행복해질 수 있느냐 없느냐가 아니라, 어떻게 하면 더 행복해질 수 있느냐다.

이 책에서 완전하지는 않지만 그 답을 찾을 수 있다. 돈과 지위에서 궁극적인 가치로 초점을 돌리는 사람들은 행복 수준을 높일 수 있을 것이다. 적극적으로 현재와 미래의 이익을 찾는 사람들은 결국 좀 더 행복해질 것이다.

행복의 깊이가 변하지 않는다는 주장은 잘못됐을 뿐 아니라 해로울 수 있다. 우리가 어떻게 행동하든지 행복의 몫이 정해져 있다고 믿는다면 주어진 상황을 개선하려고 노력하지 않을 것이다. 행복 수준이 정해져 있으며 바꿀 수 없다는 믿음은 결국 자기 달성 예언이 된다. 설상가상으로 운명을 고칠 수 없다는 믿음은 그릇된 가정에 근거한 것이라 하더라도 무기력과 의기소침 혹은 허무주의로 이어질 수 있다.

우리는 낙천주의자에서 비관론자까지 어떤 자연의 성향을 타고난다. 스스로 통제할 수 없는 상황이 존재하지만, 시간을 보내는 방식은 어느 정도 마음대로 할 수 있다. 심리학자이자 노벨상 수상자인 대니얼 카너먼은 이렇게 말했다.

"시간 사용은 행복을 개선하는 가장 큰 결정 요인이 될 수 있다."

대다수가 행복 수준에 한참 미치지 못하는 이유는 귀중한 시간을 잘못 사용해서다. 목표를 향해 앞만 보고 달리거나 아무 생각 없이 쾌락을 추구하거나 허무주의에 빠져서 시간을 보내는 것이다. 그러나 시간 안에 무기력한 삶이나 충만한 삶의 가능성이 있다. 시간을 적절히 사용하면 보물을 지킬 수 있다.

궁극적인 가치를 추구하는 것은 성공과 성장을 향해 가는 과정이다. 우리가 달성할 수 있는 행복에는 제한이 없다. 의미와 즐거움을 함께 주는 일과 교육, 사랑을 추구한다면 좀 더 행복해질 수 있다. 나뭇잎과 함께 시들어버리는 덧없는 상념이 아니라 깊고 튼튼한 뿌리를 가진 지속적인 행복을 경험할 수 있다.

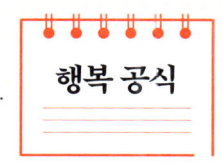

✅ 평가하기

'평가한다'는 말은 가치를 인정하고 그 가치를 높인다는 뜻이다. 긍정적인 과거의 경험을 검토해보고 그것을 현재와 미래에 적용해보자. 이 연습은 파트너나 소그룹과 함께하면 더 좋다. 한 사람씩 돌아가면서 과거나 현재 자신을 행복하게 해준 일을 이야기한다. 구체적으로 무엇이 당신을 행복하게 해줬는가?

당신의 과거 경험에서 긍정적인 측면들을 탐구해보고 배운 점들을 더 나은 미래를 창조하는 데 응용해보자. 글로 쓰거나, 함께 연습하는 사람들에게 당신을 좀 더 행복하게 하는 활동을 하겠다고 말해보자.

12장

네 번째 명상, 행복할 권리와 자격

행복을 추구하는 능력은 자연이 우리에게 준 선물이다. 어떤 사람, 어떤 종교, 어떤 이념, 어떤 정부도 우리로부터 행복 추구의 권리를 앗아갈 수 없다. 문명국은 자유롭게 행복을 추구할 권리를 수호하기 위한 정치 체제인 입법기관, 법원, 군대를 갖추고 있다. 하지만 이러한 외부 조건과는 무관하게, 스스로 행복해질 자격이 없다고 생각하는 것이야말로 가장 큰 방해다.

내가 여기서 제시하는 행복 이론, 즉 우리 삶에 즐거움과 의미가 함께 필요하다는 논리를 이해하는 것만으로는 지속적인 행복을 얻을 수 없다.

만일 스스로 행복해질 자격이 없다고 느낀다면 행복해질 가능성을 포기하게 된다. 궁극적인 가치의 잠재적 원천들을 무시하거나 소홀히 하게 된다. 우리를 불행하게 만드는 활동에 에너지를 낭비하거나 우리가 경험하는 행복을 하찮게 여기거나, 무엇보다 스스로 행복하지 않다고 생각하게 된다.

많은 사람이 궁극적인 가치에서 충분한 보상을 해주는 일을 찾을 수 있는데도 원하지 않는 일을 선택한다. 아니면 동반자를 찾거나 기존의 관계를 발전시키려고 노력하기보다 자포자기로 혼자가 되거나 불행한 관계에 묶여 있다.

어떤 사람들은 현재와 미래에 이익을 주는 일을 하면서도 굳이 못마땅한 점을 찾아내려고 한다. 또는 어떤 관계에서 의미와 즐거움을 발견하더라도 일부러 거부한다. 나 역시 이런 행동을 해본 적이 있다.

왜 일부러 행복을 마다하는 것일까? 마리안느 윌리엄슨은《사랑의 기적》이라는 책에서 이러한 난국에 관해 이렇게 말했다.

"우리의 뿌리 깊은 두려움은 우리가 못나서 그런 것이 아니다. 우리의 뿌리 깊은 두려움은 우리가 너무 강하기 때문이다. 우리를 가장 두렵게 하는 것은 어둠이 아니라 빛이다. 나는 왜 이렇게 눈부시고 매력적이고 유능하고 근사한 걸까? 실제로 당신은 안 그런가?"

우리는 왜 행복하지 않은가? 왜 빛은 어둠보다 우리를 두렵게 하는가? 왜 스스로 행복할 자격이 없다고 생각하는 것일까?

외부와 내부의 요인들, 문화적이고 심리적 편견들이 우리의 행복을 방해한다. 우리에게 행복할 권리가 있으며 개인의 행복이 고귀하고 가치 있는 추구라는 생각은 여러 가지 이념으로 검열과 비방을 받는다. 전해 내려오는 전통의 상당수는 우리가 원래 사악하며 공격성과 죽음의 본능에 따라 움직인다는 것을 전제로 한다.

철학자 토머스 홉스의 표현에 따르면 문화가 발전해도 우리는 여전히 "고독하고 가난하고 험난하고 잔혹하며 단명한 삶"을 살아갈 수밖에 없다.

이러한 창조물이 어떻게 행복하기를 바랄 수 있을까? 우리 문화 속에 뿌리 깊이 자리 잡은 관점이 이럴진대, 우리가 빛보다 어둠에 더 적절하다고 느끼는 것은 놀랍지 않다.

우리를 붙잡는 가정들은 조상에게 물려받은 것만이 아니다. 많은 사람이 스스로 구속한다. 그러나 스스로 행복할 자격이 없다고 느끼면 삶에서 좋은 것들, 행복을 가져다주는 것들이 가치 있게 느껴지지 않는다.

인생의 좋은 것들을 누릴 자격이 있고 그런 것들이 진정으로 우리의 것이 될 수 있다는 것을 믿지 못하면 언제라도 모든 것을 잃어버릴까 봐 두려워하게 된다. 이러한 두려움은 자기 달성 예언이 돼 우리에게 돌아온다. 상실의 두려움은 실제로 상실로 이어지고, 우리에게 행복할 자격이 없다는 생각은 실제로 불행으로 이어지기 때문이다.

　상실을 두려워하는 사람은 자신에게 잃을 것이 없다는 사실을 확인하는 것으로 방어한다. 행복한 사람은 잃어버릴 것이 많으므로 상실의 고통을 피하려고 차라리 아무것도 갖지 않는 것이 낫다고 생각한다. 최악의 상황을 두려워하면서 애초에 행복을 누리는 것을 허락하지 않는다.

　행복을 얻은 다음에는 우리보다 덜 행복한 사람들이 있다는 생각으로 죄책감을 느끼기도 한다. 이러한 생각 저변에는 행복은 제로섬 게임이라는 그릇된 가정이 있다. 한 사람이 행복하면 반드시 다른 사람이 불행해진다고 생각하는 것이다. 마리안느 윌리암슨은 또한 이렇게 말했다.

　"우리는 스스로 빛을 낼 때 무의식적으로 다른 사람들도 빛나게 한다. 우리 스스로 두려움에서 해방될 때 우리의 존재가 다른 사람들을 자유롭게 할 수 있다."

　우리가 행복에 관한 두려움에서 벗어나야만 다른 사람들을 열심히 도울 수 있다.

♦ 행복을 향해 마음을 열라

　행복한 삶을 살기 위해서는 우리의 가치를 알아야 한다. 나다니엘 브랜든은 이런 말을 했다.

　"가치를 추구하기 위해 사람은 스스로 가치를 누릴 자격이 있다고 생각해야 한다. 행복해지기 위해 노력하려면 행복할 자격이 있다고 여겨야 한다."

우리는 눈에 보이는 성취와는 별개로 핵심 자아, 우리가 정말 누구인지를 알아야 한다. 스스로 행복해질 자격이 있다고 믿어야 한다. 존재 자체가 가치 있다고 믿어야 한다. 우리는 즐거움과 의미를 경험하기 위한 마음과 가슴을 갖고 태어나기 때문이다.

우리의 가치를 인정하지 않으면 재능, 가능성, 기쁨, 성취를 무시하거나 해를 입힐 수 있다. 예를 들어 '만일 ~라면 어떻게 하지?'라는 불안 속에서 살게 된다.

내 삶은 의미와 즐거움이 있지만 이런 상태가 유지되지 않으면 어떻게 하지? 지금 내가 하는 일을 사랑하지만 싫증이 나면 어떻게 하지? 사랑하는 사람을 만났지만 날 떠나면 어떻게 하지?

우리에게 일어나는 좋은 일들을 인정하지 않으면 스스로 불행해지고, 얼마든지 행복해질 수 있는 능력이 있는데도 허무함에 빠지기 쉽다.

생각해보기

당신이 좀 더 행복해지는 것을 방해하는 내부 요인과 외부 요인은 무엇인가? 당신은 스스로 행복해질 자격이 있다고 믿는가?

친구에게 또는 자연으로부터 선물을 받으려면 먼저 그 선물을 향해 마음을 열어야 한다. 병에 뚜껑이 닫혀 있으면 물을 넣을 수 없다. 뚜껑이 닫힌 병에 물을 부으면 옆으로 다 흘러버리고 병은 채워지지 않는다. 힝복을 향해 마음을 열자.

✅ 문장 완성하기

다음 문장을 완성해보면서 당신의 행복을 막는 방해물을 극복할 방법을 생각해보자.

- 나의 행복을 방해하는 것들은…
- 내가 5퍼센트 더 행복할 가치가 있다고 느끼기 위해서는…
- 만약 내가 다른 이들의 가치관대로 살기를 거부한다면…
- 만약 내가 성공한다면…
- 만약 나 자신에게 행복해지도록 허락한다면…
- 만약 나 자신을 존중한다면…

- 내가 깨닫기 시작한 것은…

앞에서 언급한 둔장들과 이 책에서나 브랜든이 제시하는 다른 문장들을 완성하는 연습을 꾸준히 해보자. 이 연습은 간단하지만 뜻밖의 통찰과 행동 변화를 이끌어낼 수 있다.

13장

다섯 번째 명상, 내면 들여다보기

당신은 어느덧 110세가 됐다. 방금 타임머신이 발명됐고 당신은 최초로 그것을 사용할 사람으로 선택됐다. 나사의 과학자인 발명가는 당신이 처음 이 책을 읽은 날로 돌아가게 될 것이라고 했다.

그동안 살아오면서 터득한 많은 지혜를 지닌 당신은 젊고 아직은 미숙한 과거의 자신과 만나서 15분을 함께 보낼 수 있다. 자, 이제 당신은 과거의 자신에게 무슨 말을 할 것인가? 어떤 조언을 할 것인가?

나는 정신분석학자인 어빈 얄롬이 말기 암 환자들에 관해서 쓴 이야기를 읽고 나서 이 사고실험을 떠올렸다.

많은 환자가 죽음을 똑바로 직시함으로써 병이 들기 전보다 더 풍부한 존재의 방식을 알게 된다. 그들은 자신의 인생관이 확연히 바뀌었다고 말한다. 사소한 일에 연연하지 않고, 자제력이 생기고, 원하지 않는 일을 그만두고, 가족이나 가까운 친구와 좀 더 솔직하게 대화하고, 미래나 과거가 아닌 현재에 충실하게 살기로 한다. 삶의 하찮은 일에서 벗어나 변화하는 계절, 낙엽, 특히 다른 사람들을 사랑하기와 같은 존재의 기본 요인들을 좀 더 풍부하게 이해한다. 그들은 하나같이 이렇게 말한다. "왜 암에 걸리고 나서야 비로소 삶을 평가하고 이해하는 법을 배우는 걸까요?"

얄롬과 다른 사람들이 시한부 선고를 받은 환자들에 관해 쓴 글을 읽으면서 특히 놀라웠던 점은 그들에게 여전히 그전과 같은 인생의 문제가 있으며 인지 능력과 감성 능력에도 변함이 없다는 사실이다.

누군가 시나이산에서 내려와 그들에게 어떻게 살아야 한다고 계시를 내린 것은 아니었다. 중국이나 인도, 그리스의 현자가 그들에게 훌륭한 삶에 관한 비밀을 가르쳐준 것도 아니었다. 그렇다고 삶을 변화시킬 만한 놀라운 자기계발서를 읽은 것도 아니었다.

그들은 항상 갖고 있었지만, 전에는 모르고 있었던 능력으로 자신의 삶을 바꿨다. 어떤 새로운 지식을 얻은 것이 아니라 알던 것을 새롭게 인식했을 뿐이다. 다시 말해 그들은 예전에도 삶을 어떻게 살아야 하는지 알았지만 무시했거나 인식하지 못했다.

시간여행 실험은 우리에게 인생의 덧없음과 소중함을 동시에 일깨워준다. 당연히 110세의 노인은 많은 경험을 했을 것이다. 하지만 운이 좋아서 110세까지 산다고 해도 우리가 아는 것의 일부는 20세 때도 이미 알았던 것이다. 인식을 하느냐 못하느냐의 문제일 뿐이다.

노벨 문학상 수상자인 조지 버나드 쇼는 "젊음은 젊을 때 낭비가 된다"라고 말했다. 그의 경구를 빌려서 표현한다면 젊음을 젊을 때 낭비하지 않을 수도 있다.

생각해보기

당신의 우선순위를 재평가해본 적이 있는가? 새로운 통찰력과 이해에 따라 행동했는가?

철학이나 심리학 책, 자기계발서가 새로운 것을 가르쳐주지는 않는다. 책이나 교사가 할 수 있는 것은 단지 우리의 인식 수준을 높여주고 이미 아는 것을 다시 인식하게 해줄 뿐이다.

궁극적으로 우리의 발전과 성장과 행복은 내면을 들여다보고 중요한 질문을 할 수 있는 능력에서 온다.

✅ 미래의 나에게 조언 구하기

앞에서 설명한 대로 연습해보자. 당신이 110세 또는 지금보다 훨씬 나이가 들었다고 상상해보는 것이다. 그리고 15분 동안 지금의 당신에게 좀 더 행복하게 사는 방법을 조언한다.

이 연습을 글로 써보고 그 조언을 규칙적으로 실천하려고 노력하자. 예를 들어 가족과 좀 더 시간을 보내라는 조언을 들었다면 이제부터 매주 또는 격주로 한 번씩 가족과의 나들이를 계획해본다.

꾸준히 연습하는 것이 중요하다. 당신이 쓴 것을 읽어본 뒤 다시 덧붙이고 미래의 내가 조언한 대로 잘 실천하고 있는지 생각해본다.

14장

여섯 번째 명상, 단순하게 그리고 천천히

이 책을 쓰는 것은 나에게 무척 의미 있고 즐거운 일이었다. 하지만 2006년 여름 한두 달 동안은 글쓰기가 내키지 않고 따분하게 느껴졌다. 평소보다 몰입하기도 어려웠다. 왜 그랬을까? 행복한 삶의 가장 중요한 구성 요소라고 생각하는 시간이 부족했기 때문이다.

그 여름에 나는 7월 1일까지 출판사에 주기로 약속한 원고를 마무리하고 있었고 동시에 전국을 다니면서 워크숍을 하고 강의를 했다. 가르치고 글을 쓰는 일은 내가 사랑하는 일이며 즐거움과 의미를 줬지만 힘에 부친 것은 어쩔 수 없었다. 접시가 너무 수

북해서 다 소화하기가 어려울 지경이었다.

　너무 많은 사람이 과로하고 있다는 사실은 대니얼 카너먼과 그의 동료들이 진행한 연구에서 드러난다. 그들은 여성들에게 전날 했던 활동을 열거하고 각각 활동하면서 무엇을 느꼈는지 설명해 보라고 했다. 그러자 여성들은 음식 만들기, 일하기, 자녀 돌보기, 쇼핑하기, 통근하기, 교제하기, 친밀한 관계 맺기, 가사 돌보기 등등을 열거했다. 가장 뜻밖의 사실은 많은 어머니가 자녀를 돌보는 시간을 특별히 즐겁지 않다고 보고한 것이다.

　카너먼의 논문 공저자인 로버트 슈워츠는 우리가 생각하는 것과 다르게 나타난 그 연구 결과에 관해 이렇게 설명했다.

　"자녀들과 보내는 시간을 즐기고 있냐고 사람들에게 물으면 그들은 동화책을 읽어주거나 동물원에 데리고 가는 것처럼 좋은 일만 생각한다. 하지만 실제로 다른 일을 할 때 아이들은 방해가 된다."

　대부분 부모가 육아에서 의미를 발견하고, 평생 가장 의미 있는 경험으로 생각하는 것은 의심할 여지가 없지만, 할 일이 너무 많기에 즐거움의 부분은 크게 줄어든다. 점점 복잡해지는 현대사회에서 휴대전화, 이메일, 인터넷 등이 즐거워야 하는 활동들을 끊임없이 시간에 쫓기면서 하게 만든다.

　"우리가 너무 많은 일에 시간과 관심을 쏟으면 현재에 충실할 수 있는 능력과 경험을 평가하고 즐기는 능력이 줄어든다."

　시간 부족은 우리 사회 전반에서 우울증이 늘어나는 이유를 설명해준다.

나는 대학원을 다니던 6년 동안 조교로 일했는데, 그때 학부생들이 이력서 쓰는 것을 도와줬다. 매년 학생들의 학업 성취도는 적어도 서류상으로 선배들보다 크게 높아졌다. 처음에 나는 그들의 놀라운 성취에 감동했다. 그러다가 그들이 이력서를 빽빽하게 채우려고 감정적 대가를 치른다는 것을 알게 됐다. 이 책의 시작 부분에서 언급했듯 우울증이 있는 것으로 드러난 45퍼센트의 대학생 가운데 94퍼센트가 할 일이 너무 많아서 잔뜩 위축돼 있었다(13페이지 참고).

우리는 부족한 시간 안에 점점 더 많은 일을 하고자 한다. 그 결과 우리 주변에 존재하는 궁극적인 가치의 원천들, 즉 음악이나 아름다운 경치, 영혼의 동반자, 소중한 자녀와 보내는 시간 등을 평가하고 즐길 여유가 없다.

생각해보기

당신은 어떤 활동을 할 때 시간이 부족해서 즐길 여유가 없는가?

그렇다면 눈코 뜰 새 없이 돌아가는 세상에서 좀 더 즐기면서 살기 위해서는 어떻게 해야 할까? 그 대답에는 좋은 소식과 나쁜 소식이 있다. 나쁜 소식은 불행히도 마법의 탄환은 없다는 것이다. 좋은 소식은 우리 삶을 단순화하고 활동을 적게 한다고 해서 성공할 수 없는 건 아니라는 사실이다.

◆ 단순하게 살라

19세기에 헨리 데이비드 소로는 동시대 사람들에게 단순하게 살라고 권유했다.

"단순함. 단순함, 단순함! 당신이 하는 일을 백 가지나 천 가지가 아니라 두세 가지로 줄이고, 백만이 아니라 여섯을 세라."

소로의 말은 세상이 점점 복잡해지고 중압감은 시시각각 커지는 오늘날에 더욱 적절하게 들린다.

우리에게 주어진 시간은 제한돼 있고 해야 하는 일은 너무나 많다. 이런저런 일로 눈코 뜰 새 없이 바쁘게 움직여야 하는 상황은 삶의 여러 부분에서 우리를 불행하게 한다. 연그윈 수전과 클라이드 헨드릭은 건강한 관계를 위해 단순한 삶의 중요성을 지적했다.

"만약 우리가 단순하게 살면서 스트레스 수준을 줄일 수 있다면 사랑과 성을 포함해서 대인관계가 풍요로워질 것이다. 더불어 삶의 긍정적인 측면도 증가할 것이다."

심리학자 팀 카세는 시간의 풍요가 물질의 풍요보다 우리를 더 행복하게 할 수 있다고 말했다. 시간의 풍요는 개인적으로 의미 있는 활동을 하고 반성하고 여가생활을 할 수 있는 여유를 준다. 반대로 시간이 부족하면 끊임없이 스트레스를 받고 쫓기고 과로

하고 뒤떨어져 있다고 느끼게 된다. 따라서 우리는 주위를 둘러보거나 우리 자신의 내면을 들여다보면서 우리가 얼마나 시간에 쫓기면서 사는지를 깨달아야 한다.[1]

단순한 삶을 사는 방법이 따로 있는 것은 아니다. 시간을 보호하고 일에서나 사람에게나 좀 더 자주 "아니요"라고 말하는 법을 배워야 한다. 하지만 말처럼 쉽지는 않다. 우선순위를 정해서 정말 원하는 활동을 선택하고 다른 것들은 버려야 한다. 다행히 우리가 하는 활동을 줄인다고 해서 성공하지 못하는 것은 아니다.

◆ 한 걸음, 한 걸음씩

이 책 전체를 통해 내가 말하고자 하는 주제는 성공하면서 동시에 행복할 수 있다는 것이다. 재차 말하지만, 나는 "고통이 없으면 얻는 것도 없다"라는 통념에 도전한다. 근육의 성장이든 인격의 성장이든 성장을 위해서는 어느 정도 고통이 필요하다. 하지만 삶을 즐기면서 동시에 성장하고 번창할 수 없다는 생각은 완전히 잘못된 것이다.

예를 들어 몰입에 관한 연구는 절정의 경험(우리가 즐기는 것)과 절정의 수행(최고로 능력을 발휘하는 것)이 어떻게 함께 일어날 수 있는지를 보여준다. 몰입을 경험하는 가능성을 키우려면 과제가 너무 쉽지도 너무 어렵지도 않아야 한다. 같은 원칙이 시간 운용에도 적용된다.

《하버드 비즈니스 리뷰》에 실린 〈창의성을 억압하는 것들Creativity Under the Gun〉이라는 평론에서 테레사 아마빌레는 쫓기면서 일하는 것이 더 나은 결과를 생산한다는 생각은 잘못이라고 했다.

"창의성은 스트레스를 받으면 결국 죽어버린다. 시간에 관한 중압감은 더 열심히 일하고 더 많은 일을 하도록 만들지는 모르지만 대부분 창의성을 뜯어뜨린다."

성공을 위해서는 열심히 일하는 것이 물론 중요하지만 지나치면 오히려 해가 된다.

시간 압박은 우리에게 부담을 준다. 그리고 부담이나 부정적인 감정을 느끼면 사고능력이 떨어지고 편협해진다. 아마빌레는 "시간 압박을 느낄 때 창의성이 더 발휘된다고 생각하는 것은 착각"이라고 말했다. 그런 생각 때문에 우리는 스스로 압박을 주는 상황에서 벗어나지 못한다. 이러한 잘못된 인식으로 영원히 스트레스 속에서 사는 것이다.

아마빌레는 우리가 압박을 받으면 다음 날, 그다음 날까지 창의성이 위축되는 '압박의 숙취' 현상을 보인다고 말했다.[2] 너무 많은 일을 한꺼번에 하려고 하면 궁극적인 가치뿐 아니라 성공 가능성도 함께 줄어든다. 역사상 가장 성공적이고 창의적인 기업가였던 J. P. 모건은 "나는 9개월 만에 1년 치 일을 할 수 있어도 그 일을 12개월 동안 한다"라고 말했다.

어떤 활동이 우리에게 행복을 가져다준다고 해도 여전히 불행할 수 있다. 초콜릿, 라자냐, 햄버거, 그 밖에 세상에서 가장 맛있는 음식이라도 너무 많이 먹으면 배탈이 나는 것처럼 아무리 즐거운 활동이라 해도 지나치면 문제가 생긴다. 양은 질에 영향을 준다. 과유불급이라고 하지 않는가.

소믈리에는 한 번에 잔을 비우지 않는다. 풍부한 맛을 충분히 즐기기 위해 향기를 맡고 맛을 보고 음미하면서 시간을 갖는다. 우리 역시 마찬가지다. 삶이 주는 풍요로움을 즐기는 시간의 여유가 필요하다.

✅ 단순하게 살기

3장에 나오는 '인생 도표 그리기'로 돌아가자. 만약 아직 완성하지 못했거나 한참 전에 했다면 지난 한두 주에 걸쳐서 당신이 했던 활동을 적어보자. 그 목록이나 인생 도표를 보면서 다음과 같이 물어보자.

- 어느 부분을 단순화할 수 있는가?
- 무엇을 포기할 수 있는가?
- 인터넷이나 텔레비전 시청에 너무 많은 시간을 할애하는가?
- 직장에서 회의 시간이나 횟수를 줄일 수 있는가?

- "아니요"라고 할 수 있는 일에 "예"라고 한 적이 있는가?

당신의 삶에서 분주함을 줄이자. 시간을 내서 가족과 함께 시간을 보내거나 정원을 가꾸거나 직장에서 어떤 과제에 집중하거나 명상하거나 영화를 보거나 하면서 의미와 즐거움을 모두 느끼는 일에 방해받지 않고 온전하게 자신을 바칠 수 있는 시간을 갖자.

15장

일곱 번째 명상,
행복 혁명

과학 혁명이 가져온 혜택은 이루 헤아릴 수 없을 정도로 많다. 농업 부문에서는 농부들이 기우제를 지내는 대신 땅을 경작하는 일에 힘을 쏟게 됐다. 현실의 상황과는 다르지만 이제 우리는 지구의 모든 사람이 먹을 수 있는 식량을 생산하는 능력을 갖췄다.

의학에서는 마법사의 묘약이 페니실린으로 바뀌었다. 중세시대에 25년이었던 기대 수명은 80세 이상으로 늘어났다. 천문학자들이 주장했던 평평한 거북이 등딱지는 태양을 회전하는 둥근 땅덩어리에 자리를 양보했다. 달에 사람을 보냈으며 끊임없이 변경을 넓혀가고 있다.

이러한 놀라운 결과를 보면서 사람들은 자연히 과학에 믿음을 갖게 됐다. 과학은 현대의 종교다. 하지만 과학은 그 자체로 우리의 모든 문제, 즉 개인적이거나 사회적인 문제를 해결할 수 없다. 게다가 과학을 전지전능하게 생각하는 우리의 인식은 새로운 문제로 이어진다. 바로 물질이 무엇보다도 중요하다는 믿음이다.

과학 혁명은 전 세계에서 기우제, 마법사, 거대한 거북 같은 신비주의를 거부하면서 동시에 비물질적이고 측정할 수 없는 것들을 버렸다. 서로 밀접한 연관이 있는 행복과 영성은[1] 과학 혁명 이후의 세계에서 비물질적인 것으로 치부되고 그 가치가 떨어져 중요성의 순위에서 밀렸다. 이러한 인식은 사람들의 부에 대한 집착과 그에 따른 불행에 일부 책임이 있다.

그렇다고 해서 내가 자본주의 체제를 비판하는 것은 아니다. 자본주의 체제의 핵심은 자유다. 윈스턴 처칠은 이렇게 말했다.

"자본주의의 고질적 약점은 행복의 불공평한 분배다. 사회주의의 고질적 약점은 불행의 공평한 분배다."

사회학 연구뿐 아니라 세계 역사는 처칠이 옳았다는 것을 증명해냈다. 일반적으로 전체주의 국가의 국민보다는 자유국가의 국민이 더 행복하다. 문제는 물질적 부를 추구할 수 있는 자유가 부를 축적해야 한다는 강박관념이 되는 것이다.

물질 인식은 이제 행복 인식으로 대체돼야 한다. 행복 인식은 물질을 최고의 목적이자 우리의 중심으로 보는 인식에서 벗어나는 것이다.

◆ 우리 삶은 행복을 향해 움직인다

행복 인식은 행복이 궁극적인 가치이며 모든 다른 목표들의 지향점이라는 사실을 인정하는 것이다. 행복 인식은 물질을 거부하는 것이 아니라 단지 맨 꼭대기에 있는 권좌에서 끌어내리는 것이다.

아리스토텔레스는 "행복은 삶의 의미이며 목적이고 인간 존재의 온전한 목표이며 목적이다"라고 말했다. 달라이 라마는 "종교를 믿든 아니든, 이 종교를 믿든 저 종교를 믿든 우리 삶의 목적은 행복이며 우리 삶은 행복을 향해 움직인다"라고 말했다.

우리 삶을 평가하는 가치는 개인의 삶과 사회 전체에 광범위한 영향을 미친다.

삶에 던지는 질문들은 더 많은 돈과 소유물을 얻는 방법(물질 인식)보다 더 많은 의미와 즐거움(행복 인식)을 발견하는 방법에 관한 것이어야 한다. 그래야 우리는 목적지뿐 아니라 여행에서 더 많은 행복을 느낄 수 있다.

하지만 안타깝게도 오늘날에는 물질 인식이 널리 퍼져 있어서 너무 많은 사람이 잘못된 질문을 하고 있다. 학생들은 대부분 대학 교육이 돈을 버는 데 얼마나 도움이 될지를 계산한다. 일을 선택할 때는 주로 지위와 출세를 먼저 생각한다. 이런 상황에서는 우울증이 증가하는 것은 당연하다.

반면 행복 인식은 "무엇이 나를 더 행복하게 해줄 것인가?"라는 가장 중요한 질문으로 이어진다. 그 답을 알려면 "나에게 어떤 의미가 있는가?" "무엇이 나에게 즐거움을 주는가?" "나는 무엇을 잘하는가?"라는 3가지 질문에서 공통분모를 찾아야 한다.

스스로 "무엇이 나의 소명인가?"라고 물어보자. 학교에서, 일터에서, 평생에 걸쳐서 정말로 하고 싶은 일을 찾아보자. 이러한 질문을 하면 궁극적인 가치를 발견할 가능성이 훨씬 더 커진다.

◆ 행복 추구는 '윈윈' 게임이다

행복 인식의 전파는 카를 마르크스가 달성하고자 했던 것 못지않게 중요한 혁명을 불러올 수 있다. 마르크스 혁명은 수많은 삶을 구하기 전에 더 많은 삶을 불행하게 만들면서 결국 실패했다. 그가 혁명에서 사용한 강제적 노동력 분배와 개인의 자유 강탈이라는 수단은 처음부터 부도덕했기에 파괴와 불행을 가져올 운명이었다. 그에 반해 행복 혁명은 전혀 다른 수단을 통해 전혀 다른 결과를 가져올 것이다.

마르크스가 제안한 혁명이 외부에서 일어나는 것이었다면 반대로 행복 혁명은 내부에서 일어나는 것이다. 마르크스는 유물론자였으므로 역사가 물질적 조건에 따라 움직이며 물질적 수단을 통해 외부로부터 변화가 일어나야 한다고 믿었다.

반면 물질 인식에서 행복 인식으로 변화하는 행복 혁명은 정신적이며, 우리 내부에서 일어난다. 이 변화에는 어떤 외부의 힘도 필요하지 않다. 외부의 힘은 이 변화에 아무런 영향도 주지 못한다. 궁극적인 가치로서 행복에 초점을 맞추는 의식적 선택이 변화를 위한 유일한 동인이다.

행복 혁명은 사람들이 이론적으로나 현실적으로 행복이 궁극적인 가치라는 사실을 인식할 때 일어난다. 많은 사람이 이론적으로는 이 사실에 동의하지만, 실제로 그들은 주로 행복이 아닌 돈이나 지위와 같은 다른 요인들에 따라 움직인다.

행복 인식은 우리 사회가 현재 겪는 '심각한 우울증'에서 벗어나도록 도와준다. 하지만 행복 인식의 사회적 의미는 우리의 행복 수준을 높이는 것 이상으로 중요하다.

만약 사람들 대부분이 물질 인식에서 행복 인식으로 변화를 체득하면 어떤 일이 일어날까? 개인과 문화 사이의 시기심이 크게 줄어들 것이다.

나는 언젠가 인도에서 중간관리자를 위한 리더십 세미나를 진행한 적이 있다. 그때 어떤 참가자들은 조직에 속한 사람들을 냄비 속에서 끓고 있는 게에 비유했다. 게 한 마리가 냄비에서 나가려고 하면 다른 게들이 그 녀석을 잡아당긴다. 하지만 그 녀석을 끌어내리고 자신들이 나가는 게 아니라 그저 함께 그 속에서 나가지 못하는 것이다.

다른 게들을 끌어내리려는 욕구는 누군가가 성공하면 다른 사람이 실패하고, 누군가가 이익을 보면 다른 사람이 손해를 본다는 물질 인식에서 비롯된다.

반면 행복 인식이 우세하다면 개인과 국가 간의 갈등은 크게 줄어든다. 대부분의 전쟁은 땅, 석유, 금, 그 밖의 다른 물질을 놓고 다투는 것이다. 국가를 움직이는 지도자들은 국가의 궁극적인 가치가 많은 부를 소유하는 것이라는 그릇된 전제를 받아들인다.

그러한 전제에서는 국가와 개인 간에 갈등이 생길 수밖에 없다. 자원은 제한돼 있기 때문이다. 하지만 진정한 본성을 깨닫기만 하면 대부분 갈등을 해결하는 윈윈 전략을 찾을 수 있다. 행복은 외부 환경보다 내부에 더 의존하므로 궁극적인 가치를 전파하는 문제에서 이해 갈등은 있을 수 없다.

행복의 양에는 제한이 없다. 어느 한 사람이나 어떤 국가가 행복해진다고 해서 다른 사람이나 다른 국가가 불행해지는 것은 아니다. 행복 추구는 제로섬 게임이 아니라 모두가 더 잘살 수 있는 윈윈 게임이다.

부처는 "하나의 양초로 수천 개의 양초를 밝힐 수 있고, 그래도 그 양초의 수명은 짧아지지 않는다. 행복은 나눠주는 것으로 줄어들지 않는다"라고 말했다. 이처럼 대부분 물질은 유한하지만 행복은 무한하다.[2]

개인과 국가 간의 충돌을 재구성할 수 있다는 말은 평화를 바라는 것이 아니다. 장기적 결과를 무시하고 임시방편에 초점을 맞추다면 평화나 행복으로 이어질 수 없다.[3] 공격받는 와중에서 개인이나 국가가 적을 협상 테이블로 불러 땅과 같은 물질적 자원이 아닌 행복이 궁극적인 가치라고 설득할 수는 없다. 개인 간의 관계이거나 국가 간의 관계이거나 함께 행복의 탱고를 춰야 한다.

생각해보기

만일 당신이 이론이나 현실에서나 행복 인식을 향해 좀 더 다가가면 당신의 삶은 어떻게 변화할 것인가? 지금보다 행복해지기 위해 남과 경쟁해야 한다고 생각하는가?

행복 혁명은 부를 몰수해서 대중에게 재분배하는 것이 아니라 사람들의 인식 변화를 통해 가능하다. 수많은 잠재적 반대자를 숙청하는 피의 혁명이 아니라 궁극적인 가치에 해가 되는 물질주의 속박을 벗어내는 의식 혁명을 통해 가능하다.

행복 혁명은 더 높은 수준의 의식, 더 높은 존재의 평면으로 사회 전반의 패러다임을 전환하는 것이다. 우리 사회 대부분이 행복은 제로섬 게임이 아니며 행복 추구가 다른 사람들과 경쟁해야 하는 일이 아니라는 사실을 이해하고 체득해야 한다.

그렇게 하면 우리 자신이 행복해지는 것과 다른 사람들이 더 행복해지도록 돕는 것이 상호보완적인 목적이 되는 곳에서부터 조용한 혁명이 펼쳐질 것이다. 그러한 혁명이 일어날 때 우리는 행복뿐 아니라 선으로 충만한 사회를 보게 될 것이다.

✅ 갈등 해결하기

크든 작든 당신에게 일어날 수 있는 사람이나 그룹과의 갈등을 생각하자. 그러한 갈등으로 인해 당신이나 상대방이 궁극적인 가치에서 어떤 대가를 치르고 있는지 글로 써보자.

과연 그런 대가를 치를 가치가 있는가? 그럴 만한 가치가 없다면, 상대방이나 당신이 가장 행복해질 수 있는 해결책이 무엇인지 자세히 써보자.

예를 들어 당신을 배신한 친구를 원망한다고 상상해보자. 그렇게 하는 것이 당신과 그를 더 행복하게 해주는가? 차라리 그에게 솔직하게 당신이 상처받았다는 것을 털어놓는다면 우정을 회복할 수 있지 않을까?

누군가를 미워하는 감정은 충분히 생길 수 있으며 자연스럽고 건강한 감정일 수 있다. 갈등 상황은 때로 불가피하며, 어떤 희생을 치르더라도 평화를 유지하려고 노력하는 것은 결국 더 큰 불행으로 이어질 수도 있다. 그렇더라도 너무 많은 사람이 가족, 친구, 그룹을 원망하고 분노하는 데 에너지를 쏟는다. 용서하고 잊어버리고 앞으로 나아가자.

용서하고 화해하든, 아니면 절교하든 간에 중요한 점은 행복을 평가 기준으로 삼는 것이다. 그러려면 "어느 쪽이 궁극적인 가치에서 더 많은 이익을 주는가?"라는 간단한 질문에 답해야 한다.

나가며

행복은
어디에나 있다

나는 우리 사회가 정서적으로 풍요롭게 변할 수 있다고 믿는다. 우리는 현재와 미래에 이익이 되는 일을 찾을 수 있으며, 궁극적인 가치의 원천이 되는 교육을 받을 수 있고, 의미 있고 즐거운 관계를 맺을 수 있다. 행복 혁명이 일어날 것이라고 믿는다. 하지만 그러한 변화가 하루아침에 일어나지는 않을 것이다.

이 책에서 나는 체계적인 이론을 제시하고 있지만 현실의 삶은 그렇게 간단하지도 체계적이지도 않다. 이론은 기껏해야 삶의 흐름 한가운데 아르키메데스의 지팡이를 세울 수 있을 뿐이다. 이론을 실천으로 옮기는 일은 어렵다. 뿌리 깊은 사고방식을 바꾸고 자신과 세상을 변화시키려면 부단한 노력이 필요하다.

사람들은 종종 어떤 이론을 실용화하기 어렵다고 생각하면 아예 포기해버린다. 우리는 대부분 눈에 보이는 목적을 위해서는 아주 열심히 노력할 준비가 돼 있지만, 궁극적인 가치를 추구하는 문제에서는 쉽사리 포기한다. 하지만 진심으로 행복해지기를 원한다면 적극적으로 노력해야 한다. 불행으로 가는 길은 쉽지만(아무것도 하지 않으면 된다) 행복으로 가는 길은 쉽지 않다.

◆ 지금 당장 행복해지자

나는 친구 킴과 함께 프로빈스타운 주변을 걸으면서 대로변에 줄지어 있는 다채로운 가게들을 구경했다. 바위에 부딪히는 파도소리를 듣고 소금기를 머금은 바다 공기를 마시며 작은 마을에서 휴가를 보낼 때 느낄 수 있는, 시간에서 벗어난 듯한 여유로움을 만끽했다.

당시 나는 대학이라는 경쟁 환경에서 사는 대학원생이었다. 나는 킴에게 졸업한 뒤 프로빈스타운 같은 곳으로 거처를 옮기고 싶다고 말했다. 마감에 쫓기면서 정신없이 살지 않는다면 마침내 평생 그리던 평온을 찾을 수 있을 것 같았다. 그런데 졸업 후에 조용한 곳으로 옮기고 싶다는 생각은 했지만 막상 그 생각을 말로 표현하자 어쩐지 불안해졌다.

나는 미래의 함정에 빠진 걸까? 정말 졸업 후까지 기다려야 했을까? 나는 이 책을 쓰면서 킴과 함께 행복에 관해 많이 생각하고 의견을 나눴다. 어떻게 하면 경쟁 환경에서도, 할 일이 산더미같이 쌓여 있어도, 빠른 속도를 유지하면서 여전히 평온함을 느낄 수 있을지 이야기했다. 킴은 이렇게 말했다.

"평온함은 우리 안에 있는 거야. 만약 우리가 행복하다면 그 행복은 이동 가능해. 어디를 가든 행복을 갖고 다닐 수 있어."

그녀는 잠시 말을 멈췄다가 다시 말했다.

"외면이 중요하지 않은 게 아니라 그런 것이 우리를 행복하게 해주지는 않는다는 거지."

우리는 종종 미래의 어떤 목적지에 도달하면 만족하고 평온하고 행복해질 거라고 상상한다. 어떤 목표를 달성하면 마침내 평화를 찾을 수 있을 거라고 자신을 타이른다. 대학을 졸업하면, 종신교수가 되면, 돈을 많이 벌면, 가족을 이루면, 우리 삶을 변화시키는 어떤 목적을 달성하면… 그러면 행복해질 것이라고 말한다.

하지만 대부분 목적지에 도달하면 얼마 안 가 원래의 행복 수준으로 돌아간다. 매사 불안하고 초조한 사람이라면 언젠가 원하는 꿈을 이룬다고 해도 그 후에 얼마 안 가 부정적인 느낌들이 다시 돌아올 것이다.

성취주의자가 느끼는 긴장감은 대체로 미래를 통제하려는 욕구에서 온다. 그는 언제나 미래에 살고 있다. 성취주의자는 지금의 상황이 아니라 미래의 가능성에서, 평온한 현실의 현재가 아니라 미래의 가정 속에서 산다.

'시험을 망치면 어떻게 하지?' '승진하지 못하면 어떻게 하지?' '새로 산 집의 융자를 갚지 못하면 어떻게 하지?' 이렇게 순간을 온전히 경험하기보다 시인 골웨이 키넬의 표현처럼 "현재의 경험을 어두운 기대감으로 더럽히면서" 사는 것이다.

그리고 과거에 갇혀서 현재의 행복을 경험하지 못하는 사람들이 있다. 그들은 처음엔 성취주의자로, 그다음에는 쾌락주의자로 살면서 행복해질 수 없었던 과거를 돌아본다. 어떤 사람과 관계를 회복해보려고 하지만 허사로 끝났고, 직장을 이리저리 옮겨 다니지만 진정한 소명을 발견할 수 없었던 것을 곱씹어본다. 언제나 과거를 돌아보며 자신의 불행을 정당화하느라고 지금 행복하게 살 가능성을 보지 못한다.

우리는 과거나 미래의 노예가 되기보다 지금 우리 앞에 있고 우리 주변에 있는 것을 가장 소중하게 생각하는 법을 배워야 한다.

♦ 날마다 행복한 삶을 사는 약속

행복으로 가는 길을 가로막는 가장 큰 걸림돌은 어떤 한 가지, 예를 들어 어떤 책이나 스승, 공주나 기사, 어떤 성취나 수상, 계시가 우리를 영원히 행복하게 해줄 거라는 그릇된 기대를 하는 것이다. 그 모든 것은 행복에 보탬이 되지만 행복한 삶에서 작은 부분을 차지할 뿐이다.

행복의 동화적인 개념, 즉 어떤 일이 일어나면 영원히 행복해질 것이라는 믿음은 불가피하게 실망으로 이어진다. 행복한 또는 더 행복한 삶은 어떤 일생일대의 사건으로 만들어지는 것이 아니다. 그보다는 꾸준한 경험이 쌓이면서 조금씩 더 행복해지는 것이다.

일상의 평범한 작은 부분들이 모여서 인성이라는 모자이크가 완성된다. 사랑하는 사람들과 시간을 보내거나 새로운 무언가를 배우거나 직장에서 어떤 프로젝트에 참여하면서 즐거움과 의미를 느낄 때 우리는 행복한 삶을 사는 것이다. 그러한 경험들이 날마다 채워질 때 우리는 더 행복해질 수 있다.

우리에게는 지금이 중요하다.

감사의 말

　　이 책을 쓰면서 친구, 학생, 교사 들에게 많은 도움을 받았다. 내가 맨 처음 킴 쿠퍼에게 이 책의 초고를 보여줬을 때는 출판사에 보내기 전에 몇 마디 충고를 들을 요량이었다. 하지만 그렇게 되지 않았다. 그 순간부터 우리는 오랫동안 함께 싸우고 웃고 떠들면서 이 책에 매달렸고 이 책의 저술을 행복한 일로 만들었다.
　　특히 숀 아처, 워런 베니스, 조핸 버먼, 알리사 카미유 버텔슨, 나다니엘 브랜든, 샌드라 차, 이진 추, 리모어 대프니, 마고 에이란, 우디 에이란, 리아트 파인버그, 샤이 파인버그, 데이브 피시, 섀인

피츠코이, 제시카 글레이저, 애덤 그랜트, 리처드 해크먼, 냇 해리슨, 앤 황, 오하드 카민, 조 캐플런, 엘렌 랭거, 마렌 라우, 팻 리, 브라이언 리틀, 조슈아 마골리스, 댄 마켈, 보니 마슬랜드, 사샤 매튜, 제이미 밀러, 미네아 몰도베아누, 대미언 모스코비츠, 로넨 나카시, 제프 페로티, 조세핀 피카닉, 사무엘 라스코프, 섀넌 링벨스키, 아미르 투빈, 로닛 루빈, 필립 스톤, 모셰 탤먼, 파벨 바실리에프에게 감사한다. 나의 긍정심리학 강의에 참여한 조교와 학생들은 샘솟는 아이디어와 함께 궁극적인 가치를 내게 베풀었다.

탱커 퍼시픽의 동료들과 친구들은 한담을 나누고 워크숍에 참여하면서 이 책의 아이디어 구상에 중요한 역할을 했다. 이단 오퍼, 휴 형. 샘 노턴 애닐 싱, 타디치 통기, 패트리샤 림에게 깊이 감사하다.

나의 대리인인 레이프 새걸린의 인내와 지원과 격려는 큰 힘이 됐고, 맥그로힐의 편집인 존 어헌은 처음부터 나의 연구에 믿음을 보였고 출판 과정을 즐거운 여정으로 만들었다. 우애가 돈독한 우리 대가족은 나를 위해 행복의 원을 창조했다. 벤 샤하르 가족, 벤 포라스 가족, 모제스 가족, 그로버 가족, 콜로드니 가족, 마크스 가족이 행복한 삶을 살면서 함께했던, 앞으로도 계속 함께할 수많은 시간에 감사함을 표하고 싶다. 최악의 삶을 견디고 최선의 삶을 살았던 조부모님께 존경한다는 말을 전한다.

이 책에서 다루는 많은 아이디어는 나의 형제이자 명석하고 현명한 심리학자인 지브와 아테렛과 함께 나눈 토론에서 탄생했다.

  나의 설익은 생각에 열심히 귀를 기울여주고 내가 쓰는 모든 것을 읽고 논평해주는 아내이자 동반자인 타미, 내가 타이핑하는 동안 참을성 있게 무릎 위에 앉았다가 가끔 고개를 돌려 나를 보고 웃어 내게 진정한 행복이 무엇인지 일깨워준 아들 데이비드, 글을 쓸 수 있고 무엇보다 행복을 발견할 수 있는 사람으로 키워주신 부모님께 감사를 전한다.

참고 자료

들어가며

1 이 정의는 1999년 긍정심리학 분야를 선도하는 연구자들이 발표한 〈The Positive Psychology Manifesto〉에서 인용한 것이다. 완전한 정의는 "긍정심리학은 최적의 인간 기능을 연구하는 학문으로, 개인과 공동체가 번영할 수 있는 요인들을 밝혀내서 육성하는 것을 목표로 한다. 긍정심리학 운동은 연구 심리학자들이 질병과 장애의 문제를 넘어서 심리적 건강의 근원에 새롭게 관심을 두게 된 것을 의미한다"이다.

1장

1 대니엘 골먼, 리처드 보이애치스, 애니 맥키는 대부분의 노력이 '신혼 단계', 즉 최초의 실행 단계 이후에 어떻게 실패하는지 보여준다. 그 외 Kotter, J. P. (1996). Leading Change. Harvard Business School Press.

2 내가 하루 6시간씩 스쿼시 경기와 운동을 하고 있을 때 사람들은 종종 나의 '자제력'을 칭찬했다. 하지만 훈련을 하려고 경기장이나 체육관에 가는 것은 힘들지 않았다. 그것은 매일 수행하는 의식이었기 때문이다.

3 윌리엄 제임스에 다르면 새로운 습관을 형성하려면 21일이 걸린다. 로허와 슈워츠는 대부분의 활동은 한 달 안에 습관이 된다고 믿는다. 그들은 달라이 라마의 말을 인용했다. "뭐든지 계속해서 훈련하면 익숙해지고 점점 쉬워진다. 우리는 훈련을 통해 변화할 수 있다. 우리 자신을 바꿀 수 있다."

2장

1 Based on Pennebaker, J. W. (1997). Opening Up. The Guilford Press; and Burton, C. M., and King, L. A. (2004). The Health Benefits of Writing About Intensely Positive Experiences. Journal of Research in Personality,

38, 150-163. In addition to Pennebaker's work in Opening Up, other books that can help you think about journaling are Ira Progoff's At a Journal Workshop and Karen Horney's Self Analysis.

2 심리학의 ABC는 Affect(감정), Behaviors(행동), Cognition(생각)이다. 지속적인 변화를 위해서는 3가지를 함께하는 것이 최선이다.

3장

1 마틴 셀리그먼은 《긍정심리학Authentic Happiness》에서 행복의 3가지 요소를 의미, 즐거움, 참여라고 말했다.

2 11장에서 감정의 기복과 깊은 행복감의 차이를 자세히 설명한다.

3 6장에서 도전의 중요성을 자세히 설명한다.

4 행복은 인지적 요소(우리가 어떤 경험에 부여하는 의미)와 감정적 요소(즐거움)를 둘 다 포함한다.

5 로라 킹과 그녀의 동료들은 긍정적 감정과 의미에 관한 연구에서 "긍정적 기분은 삶의 의미를 느끼게 한다"는 것을 보여준다. King, L. A., Hicks, J. A., Krull, J., and Del Gaiso, A. K. (2006). Positive Affect and the Experience of Meaning in Life. Journal of Personality and Social Psychology, 90, 179-196.

6 나다니엘 브랜든은 자긍심과 행복을 위한 성실성의 중요성을 이야기한다. Branden, N. (1994). The Six Pillars of Self-Esteem. Bantam Books.

7 크리스 아지리스의 연구는 우리가 대개 다른 사람들이 하는 말과(신봉이론 Espoused theories) 실제 행동(상용이론Theories-in-use)의 차이는 금방 알아차리지만, 자신과 관련해서는 그러한 차이를 잘 인식하지 못한다는 것을 보여준다. 그러므로 이 연습을 할 때는 당신을 잘 알고 기꺼이 도와줄 수 있는 사람과 함께하면 좋다. 아지리스에 따르면 "신봉이론은 사람들이 자신이 하는 행동의 기초라고 말하는 이론이며, 상용이론은 사람들이 실제로 행동하는 방식에서 유추하는 이론"을 의미한다.

8 휴렛패커드가 의뢰하고 TNS 리서치가 실시한 연구에서 "휴대전화, 이메일, 문자 메시지에 정신이 팔린 근로자들은 대마초를 피우는 사람보다도 아이큐가 더 낮다"라는 결과가 나왔다.

4장

1 For an explanation of the technique, see Branden, N. (1994). The Six Pillars of Self-Esteem. Bantam Books.

5장

1 For a good overview of the academic literature, see Locke, E. A., and Latham, G. P. (2002). Building a Practically Useful Theory of Goal Setting and Task Motivation: A 35-Year Odyssey. American Psychologist, 57(9), 705-717.

2 See Rosenthal, R., and Jacobson, L. (1968). Pygmalion in the Classroom: Teacher Expectation and Pupils' Intellectual Development. Holt, Reinhardt and Winston; and Bandura, A. (1997). Self-Efficacy: The Exercise of Control. W. H. Freeman and Company.

3 매튜 리처드는 《행복Happiness》에서 '시간을 죽이다'라는 표현의 문제를 지적했다. Ricard, M. (2006). Happiness: A Guide to Developing Life's Most Important Skill. Little, Brown and Company.

4 For a more elaborate process, see Chapter 11 of Built to Last. Collins, J., and Porras, J. I. (2002). Built to Last: Successful Habits of Visionary Companies. HarperCollins.

5 Research in the area of cognitive dissonance (Festinger, L. [1957]. A Theory of Cognitive Dissonance. Stanford University Press) and self-perception theory (Bem, D. J. [1967]. Self-Perception: An Alternative Interpretation of Cognitive Dissonance Phenomena. Psychological Review, 74, 183-200). 우리가 어떤 상황을 받아들일 때

그 상황에 대한 책임감이 커진다. 따라서 우리가 다른 사람들에게 궁극적인 가치가 얼마나 중요한지 이야기하고, 의미 있고 즐거운 활동을 추구하라고 상기시키면 스스로 더 행복해지는 활동들을 더 열심히 추구할 수밖에 없다.

6장

1 나는 부모들이 아이들의 응석을 받아주고 즉각적인 욕구를 충족시켜주는 자유방임적 교육 방식을 변호하는 것이 아니다. 가장 유능한 교육자는 외적 제한과 민주적 실행이나 엄격함과 독립을 위한 허용 사이의 균형을 맞춘다. Lillard, P. P. (1996). Montessori Today: A Comprehensive Approach to Education from Birth to Adulthood. Schocken Books; and Ginott, H. G. (1995). Teacher and Child: A Book for Parents and Teachers. Collier Books.

2 몰입에 관한 칙센트미하이의 연구는 개인과 사회의 발전을 위해 널리 활용되고 있다. 좀 더 자세한 설명은 《몰입의 즐거움Finding Flow》 참고.

7장

1 Survey conducted by the Conference Board (2005).

2 See Wrzesniewski, A., and Dutton, J. E. (2001). Crafting a Job: Revisioning Employees as Active Crafters of Their Work. Academy of Management Journal, 26, 179-201. 노역, 출세, 소명의 차이를 다룬 원문은 R. 벨라 등저의 《미국인의 사고와 관습Habits of the Heart》 참고.

3 개인의 힘을 확인하는 것에 관한 자세한 설명은 마커스 버킹엄, 도널드 클리프턴의 《위대한 나의 발견 강점 혁명Now, Discover Your Strengths》 참고.

4 우리 삶의 다른 측면들을 가꾸는 방식에도 똑같이 적용된다. 예를 들어, 우리가 어떤 관계의 긍정적인 요소들을 찾아서 조명한다면 좀 더 행복해질 수 있다.

8장

1 See Bem, D. J. (1996). Exotic Becomes Erotic: A Developmental Theory of Sexual Orientation. Psychological Review, 103, 320-335.

2 존 M. 고트맨은 '사랑지도'의 개념을 자세히 설명한다. 《행복한 부부 이혼하는 부부The Seven Principles for Making Marriage Work》 참고.

9장

1 See Hoffman, M. L. (1991). Empathy, Social Cognition, and Moral Action. In Handbook of Moral Behavior and Development. Edited by W. M. Kurtines and J. L. Gewirtz. Lawrence Erlbaum Associates, Inc.; Smith, A. (1976). The Theory of Moral Sentiments. Oxford University Press; and Wilson, J. Q. (1993). The Moral Sense. Free Press.

10장

1 5장에서 자기일치적 목표에 관한 연구를 좀 더 자세히 이야기한다.

14장

1 Discussed in Peterson, C. (2006). A Primer in Positive Psychology. Oxford University Press. Leslie Perlow addresses a similar idea, the notion of "time famine," in the context of the workplace. Perlow, L. (1999). The Time Famine: Towards a Sociology of Work Time. Administrative Science Quarterly, 44, 57-81.

2 아마빌레는 사람이 어떤 일을 하면서 긴급함과 의무감을 느낄 때 실제로 압박이 창의성을 촉진하며, 정신을 집중할 수 있다는 한 가지 예외를 발견했다. 아폴로 13호 우주 비행의 성공을 예로 들 수 있다. 하지만 오늘날의 직장에서 시간의 압박은 종종 부담감과 함께 온다. 그리고 집중력이 떨어지면 성취도 역

시 떨어진다. 현대 조직에서는 중요하고 긴급한 문제에 완전히 빠져들기 어렵다고 아마빌레는 말한다.

15장

1 영성과 행복을 연결한 연구의 예로는 Emmons, R. A., and McCullough, M. E. (2004). The Psychology of Gratitude. Oxford University Press. 영성은 종종 종교와 연결되지만 반드시 그렇지는 않다. 3장에서 나는 영성과 의미의 연결을 설명했다. 자신이 하는 활동을 의미 있게 생각하는 사람은 영성과 행복을 경험할 가능성이 크다.

2 나는 물질적 부가 제로섬 게임이라는 말에는 동의하지 않지만(자본주의는 파이의 크기가 정해져 있지 않다는 것, 즉 부가 창출될 수 있다는 것을 보여준다) 물질적 인식은 부를 유한한 자원으로 보고 따라서 제로섬 게임이라고 생각하는 것이다.

3 평화주의는 보통 선의에서 비롯되지만, 궁극적인 가치뿐 아니라 현실에서 큰 피해를 불러오기도 한다. 윈스턴 처칠은 이렇게 말한 바 있다. "오늘의 유화적인 정책이 내일 훨씬 더 큰 비용과 원망을 초래한다."

하버드는 학생들에게 행복을 가르친다

초판 1쇄 인쇄 2022년 3월 10일 **초판 4쇄 발행** 2025년 8월 1일

지은이 탈 벤 샤하르
옮긴이 노혜숙
펴낸이 최순영

출판2 본부장 박태근
경제경영 팀장 류혜정
편집 임경은
디자인 신나은

펴낸곳 ㈜위즈덤하우스 **출판등록** 2000년 5월 23일 제13-1071호
주소 서울특별시 마포구 양화로 19 합정오피스빌딩 17층
전화 02) 2179-5600 **홈페이지** www.wisdomhouse.co.kr

ⓒ 탈 벤 샤하르, 2022

ISBN 979-11-6812-245-1 03320

* 이 책의 전부 또는 일부 내용을 재사용하려면 반드시 사전에 저작권자와 ㈜위즈덤하우스의 동의를 받아야 합니다.
* 인쇄·제작 및 유통상의 파본 도서는 구입하신 서점에서 바꿔드립니다.
* 책값은 뒤표지에 있습니다.